ACTIVITIES
美国学生游戏与素质训练手册

培养孩子合作、自尊、沟通、情商的103种教育游戏

[美] 阿兰娜·琼斯 著

104 ACTIVITIES THAT BUILD

Self-Esteem Teamwork Communication

Anger Management Self-Discovery Coping Skills

中国青年出版社
CHINA YOUTH PRESS
中青文传媒

图书在版编目（CIP）数据

美国学生游戏与素质训练手册：培养孩子合作、自尊、沟通、情商的103种教育游戏 /（美）琼斯著；张婉婷译.
—北京：中国青年出版社，2014.6
书名原文：104 activities that build: selfesteem, teamwork, communication, anger management, self-discovery, coping skills
ISBN 978-7-5153-2515-6
Ⅰ.①美… Ⅱ.①琼… ②张… Ⅲ.①青少年—素质教育—美国—手册 Ⅳ.①G40-12
中国版本图书馆CIP数据核字（2014）第141409号

美国学生游戏与素质训练手册：
培养孩子合作、自尊、沟通、情商的103种教育游戏

作　　者：[美] 阿兰娜·琼斯
译　　者：张婉婷
责任编辑：肖妩嫔
美术编辑：李　甦　张燕楠
出　　版：中国青年出版社
发　　行：北京中青文文化传媒有限公司
电　　话：010-65511270/65516873
公司网址：www.cyb.com.cn
购书网址：zqwts.tmall.com
印　　刷：大厂回族自治县益利印刷有限公司
版　　次：2014年8月第1版
印　　次：2020年3月第4次印刷
开　　本：787 × 1092　　1/16
字　　数：176千字
印　　张：17.5
京权图字：01-2013-5434
书　　号：ISBN 978-7-5153-2515-6
定　　价：49.00元

致我的孩子科尔宾，

他让我感受到了游戏和玩耍的快乐，

以及游戏在孩子成长中所起的举足轻重的作用。

ACKENOWLEDGMENTS 致谢

在这里我要对罗伯塔·艾莉丝以及杰娜·斯特兰奇表达我特别的感谢，感谢他们给予我灵感，并和我一起尝试新的游戏。

感谢希尔·诺埃尔博士以及帕蒂为我提供了很多好的游戏点子。

非常感谢所有参加我的游戏创作的人们，以及许多为本书的游戏提供了创造性想法和灵感的人们。

CONTENTS 目录

1 培养孩子的团队协作力

2 培养孩子的自信心

3 培养孩子的沟通力

4 培养孩子的发现力

5 培养孩子的情绪管理能力

6 培养孩子的应对力

INTRODUCTION 本书简介

我们有没有可能在游戏的过程中进行教学，让孩子学习、成长，改变一些不良习惯？体验这本书介绍的各种游戏和活动，你就能找到这个问题的答案，不仅如此，你还能感受到很多乐趣！

游戏是培养孩子良好性格和社会技能的有效方法，最关键的一点是游戏还很有趣，能让孩子在玩耍中快乐成长。

人们利用各种工具建造房屋，修理汽车，打理花园，或者翻新一些旧的东西。在游戏中，我们需要通过使用一些方法，能让一群一起工作的人凝聚成一个团队，让那些厌倦了生活的人提起精神，甚至让人变得成熟稳重。游戏还能帮助人们从不同角度审视他们所面临的问题，调整人的心态，过上健康、充实的生活。

游戏本身就有一定的愉悦性，这就是为什么去集会或者去嘉年华的人都会满脸笑容，玩得很开心。一家人共同参与有趣的游戏能让家庭关系更加融洽。回想一下你的生活里有哪些有趣的，开心的事儿。这些事儿给你带来了什么样的感觉，它们对你的生活有哪些帮助？答案很简单，这些有趣的游戏让你的身心都更加愉悦。玩游戏为你提供和他人接触的机会，帮你建立良好的人际关系。在游戏中每个人都是平等的，而且最重要的是游戏能带来很多欢笑，让人们度过快乐的时光。

如果你没有参与这些能带给你快乐的游戏，那么你可能需要匀出更多的时间多参加一些让你感觉舒适、且健康又有趣的活动了。不过既然你已经买了这本书，那么你大概已经懂得了游戏所具有的价值，而且你大概想知道如何通过增强游戏的效果来帮助那些你想要帮助的群体或个人。

在享受游戏带来的舒适性和乐趣的同时，我们还应注重游戏的具体目标和效果。假设一个游戏的目标可以有多种，提高团队合作力、树立自信心、提高应对能力等，那么这个游戏就可以关注一个新的方向，进而提高参与者对上述能力的掌握程度。一个游戏可以同时设定几个不同的目标，同样，我们可以根据每一次目标的不同而对同一个游戏做出更改。

对游戏来说，最重要的元素就是游戏进行中或游戏结束后所进行的讨论。通过重点讨论游戏的目标、参与者的行为，以及游戏时观察到的事物，我们可以将一个普通的游戏转变成一种培养性格和锻炼技能的方式。

在本书中有一个叫大风吹的游戏，这个游戏就是一个很好的例子。这个游戏还很好地演示了如何对一个游戏做出更改，创造出一个以目标为中心的活动，帮助人们关注他们正努力解决的问题。

在大风吹这个游戏中，每个人都分别站在一张纸上，围成一圈。

有一个人站在圈中，讲一些和自己有关的真实的事，其他人必须认真听他说了什么，如果他说的事情也符合自身情况，那么站在圆圈上的这些符合情况的人就要挪动，找一个他人空出的位子站好。被留在中间的下一个人要讲另一件事（详见游戏规则）。这是一个很受欢迎的游戏。在游戏过程中，指导者和参与者可以从不同角度进行观察，给参与者一个了解自己和他人的机会。这个简单的游戏能让我们有很多发现：这些人有哪些共同点和不同点，谁更喜欢成为焦点，谁喜欢躲在别人后面，参加者的社交能力和演讲能力如何，是否存在欺骗的情况，是否自信（不贬低他人，也不畏惧说出自己的喜好），是否愿意承担风险，是否懂得倾听，以及体育锻炼情况如何。这个游戏也能让人开怀大笑，消除人与人的隔阂。所有的这些问题都可以在游戏后（有时是游戏过程中）的群组讨论过程中着重讨论。不经过讨论，我们就会忽视这些重要的细节，进而损失一个让大家从游戏中学习的好机会。

通过改变大风吹的游戏说明，游戏的总目标和阶段性目标都会随之而改变（详见游戏变动的说明）。这一次可以是一个关于培养自信心的活动，下一次可以是一个关于控制愤怒情绪的活动，再下一次就可以是一个增进团队信任感的冒险活动。

本书中的游戏以这样一种方式设计，每一个游戏都有特定的总目标和阶段性目标，在搭配使用讨论提示或者进行学习式讨论后，游戏就可以变成一种培养性格和锻炼技能的方式。有一些游戏活动本身就带有讨论性质，所以不需要进一步的讨论。

每一个游戏都能够给个人提供无压力的交流心得和感受的机会。每一个游戏也会为参与者提供机会，在游戏中改善自己的言行，学习实用的新技能。游戏对每个参与者的效果都不尽相同，因此我们可以采取多种类型的游戏，每一个游戏可以从多种视角解决问题，这样就能为每一个独特的个体提供更多学习和发现新自我的机会。

如何选择游戏

在筹备游戏的过程中，第一步是要选择一个能够迎合某一特定群体或个人需求的游戏。首先要关注组员所面对的最显著的问题，以此确定你们小组的目标。假设在评估完一个小组后，你发现该小组需要更好地控制愤怒情绪，那么你的目标就是找到以此为重点的游戏。但是不要因为一个小组对某个特定方面有强烈的需求,就忽略其他方面,比如自信心、沟通技巧等。通过学习多种生活技能，努力达成各种目标，每一位组员的需求都能得到满足。通常结束一个游戏的评估后,你都能发现一个最初没有受到重视的需求。

除了了解你的小组所需要解决的问题，在选择游戏时，你还需要其他大量可利用的资源。书籍、人脉和你过去的经历都是你可以拥有的最好资源，好好利用这些！现在有很多优秀的游戏可以利用，但是要注意，有一些游戏利用率实在太高了，大部分人都尝试过这些活动。如果你尝试新的方法，游戏效果会更好，因为极有可能这些游戏还没有人尝试过。希望这本书可以为你提供一些好的想法，在设计游戏的时候，想一想你儿时玩过的游戏，尤其是那些你现在还很喜欢的游戏，通常把这些游戏稍加修改或者添加一个讨论环节，我们就能将其改编成一个新的游戏。很多时间，只要足够用心，你就能设计出了一个有具体总目标、阶段性目标和争论点的新游戏。

如何指导游戏

在选定游戏并为小组制订好目标后，就是玩乐时间了！指导一个游戏，你既可以选择参与到其中，也可以让组员自己玩，而你在一旁做指点，并进行观察。如果你想拉近和组员的关系，那无论如何你都应该参与到游戏中，成为小组中的一员，这样你和他们的关系会更加融洽，也会增加他们对你的信任感，你们会玩得很愉快。对于一些人来说，参与到游戏中意味着他们要打破自己的舒适区，主动去参与游戏，和他人分享自己的心得，或是从别人那里得到反馈。指导者越愿意主动地迈出第一步，组员们也就越容易走出自我封闭的状态，参与到游戏中。不要让参与者觉得他们不得不去做这件事，而是要告诉他们，这是“挑战”自我的一步，这样更有利于创造出一种无压力的氛围，并能够给予参与者们选择的权利。我们要告诉他们，游戏的意义在于自我成长，缓解情绪压力，更要鼓励他们勇于尝试新事物，因为这是成长和改善生活的最好方式。

但有的时候，作为指导者，在游戏开始后不再插手，只在一旁担当一个观察者也许是最好的方式。这尤其适用于团队活动。假设一个小组接受了一项具有挑战性的任务，他们的指导者也参与其中，那么他们总是会想要向指导者寻求建议，这样这个小组就很难发挥出它的全部潜力了。在这种情况下，如果让小组独立完成，小组成员就会更加主动，在团队中承担更多的责任。

如何讨论游戏

对于任何游戏来说，讨论都是最重要的一部分。对参与者来说，思考自己在游戏中的行为是了解自己的一种有效方式。如果参与者在行为发生时就能及时调整，更有助于他改进自己的行为，使他成长进步。讨论能够帮助参与者更好地了解他们的所作所为，以及他们需要改进的地方。

讨论的形式有多种，但是一定要符合小组成员的整体水平。高效小组在活动后进行讨论时，每个人都可能提出自己的想法，或者回答他人提出的任何问题。而低效小组可能只是举举手，回答一些简单的问题。讨论环节首先应当对游戏进行简要总结，再联系组员具体生活进行分析。比如，有一个游戏主要涉及团队合作力，那么你们就要讨论游戏过程中发生的事情，每个人在游戏中担当的角色，再以此做对比，联想一下参与者在他的家庭中，球队中，工作中等其他团队中的表现。

每个游戏最后的讨论提示都是一份指南，帮助你们紧紧围绕活动目的进行讨论。这些提示问题都很有效果，如果在讨论开始时，你问他们在游戏中有何发现，那这个讨论接下来就会顺其自然地发展，讨论到一些你没有观察到的行为问题。鼓励参与者关注自身言行和自己的问题，学会如何改进自己的言行，并了解自身给他人带来的影响。有时候讨论环节不会纠结于游戏中到底发生了什么，而是会寻找游戏与生活的相似性。在一个关于愤怒情绪管理的游戏中，参与者尝试过一个规则不公平的游戏后，大家可能会讨论以后如何面对生活中的不平等待遇，并联想一下自己在遭遇不平等待遇时的愤怒言行。这就是游戏对现实生活的指导意义。

DISCLAIMER 免责声明

本书中设计的所有游戏旨在增强儿童游戏的趣味性和互动性。在指导儿童进行游戏或在自身参与游戏时，都应合理地安排游戏，同时应保障参与者的安全，作者及出版商不对游戏及游戏的指导者和参与者的任何行动承担责任。

最后说一句，让孩子们尽情地玩吧，要注意安全，了解每个团队成员的能力“短板”，给每一个人选择参与的权利，让大家都能玩得高兴！

ACTIVITIES THAT BUILD

1

培养孩子的团队协作力

培养孩子的团队协作力

培养孩子团队协作力的游戏通常都很有挑战性，但是最受欢迎的一类游戏，指导此类游戏是一件很有乐趣的事，如果能参与其中就更有意思了。一个简单的游戏可以同时解决社会技能、沟通力和愤怒情绪控制问题，不仅如此，它还能树立自信心，加强团队凝聚力，营造轻松的氛围，并证明每个队员的价值。

我曾经指导过很多培养孩子团队协作力的游戏，在组员克服我为他们设置的挑战时，我已经学会置身事外，客观观察。在讨论环节，首先我要求组员汇报他们对自身的观察结果，以及小组在游戏中的表现，接下来我会补充一些我自己观察到的内容。

虽然在一开始我并不了解我的组员，但在为他们布置挑战游戏后，我就能观察出哪些人是主导者，哪些人比较被动，比较害羞，或者不够自信。通过观察组员的合作能力，我还能发现哪些人害怕被拒绝，哪些人喜欢颐指气使，或者哪些人更有领导力等，所有这些都可以从一个简单的游戏中找到较为准确的答案。在大家的积极性被调动起来后，参与者就能更有效地在游戏中了解自己以及自己对他人的影响。这些经验可以应用到大家的生活中，“如果你想要在团队中脱颖而出，你需要哪些技能？”以及“你在哪些情况下需要使用这些技巧？”在生活中的各个领域，团队合作技能都很重要，比如在工作中、打球时、完成学校项目时，以及和他人（比如你的朋友、配偶、父母、儿女或其他亲人等）相处时。

本书中的很多游戏只需要很少的器材、时间和空间。希望这些游戏对你有用，让你帮助那些你想要帮助的人。

001 创立一个国家

每个国家的开国元勋们在开始组建一个政府的时候，有很多问题需要商定解决，也有很多决定需要去做。相信他们在完成这项任务的过程中，一定进行过很多讨论，做出过很多妥协，并合力解决过很多难题。创立一个国家并不容易，但在这个游戏中，一个团队通过合作，一起解决所要面对的问题，一定很有趣。

目标

让参与者组成一个团队，共同参与小组决策过程。

适宜人群

在小组共同决策过程中，需要学习与他人合作的人。

规模

至少2人

材料

- 纸张
- 钢笔或铅笔
- 彩色记号笔、彩色铅笔或者蜡笔

游戏介绍

先进行分组，每组2～10人，为每组提供上述材料以及下面的信息：

你们和一群人占领了一个无人岛，准备创立一个新的国家。你们被推选成立一个新政府。你们的首要任务就是共同完成以下工作：

1、为你们的国家起一个名字；

2、为你们的国家起一个别名；

3、设计一个通行证；

4、设计一面国旗；

5、选择一种鸟作为国鸟；

6、选择一种花作为国花；

7、谱写一首国歌；

8、确定自己的职位；

9、制订你们所需要的法律法规；

10、除政府任命的职位外，每个人必须选择一个服务于国家的岗位。

小组必须通力合作以完成任务，并把成果展示给指导者或其他小组。完成整个游戏可能需要占用几节课的时间，所以你可以让小组选择几项任务，在规定的时间内完成。

讨论提示

1、在你们的小组中，你们用哪种方式做出每一个决定？

2、是否所有人对最后的决定都感到满意？组员因何原因满意，或因何原因不满意？

3、在集体做决定的过程中，需要注意哪些问题？

4、在和他人共同做决定的过程中，你通常担任什么角色？

5、在做决定的时候，你如何判断这个决定是否正确？

6、为何作为组员，需要有做决定的能力？

002 变废为宝

一个人独立设计一件艺术品是一件很容易的事，他的创意、理念和想象力都能很好地融入到艺术品的制作之中。但是一群想法不同的人想要创作一件艺术品就没那么容易了，他们需要协商合作，才能一起完成这件艺术品。

目标

让一群人共同商讨，通力合作，一起完成一件艺术品。

适宜人群

通过一起商讨，互相交流，学习与他人合作完成项目的人。

规模

至少2人

材料

- 剪刀
- 胶水
- 胶带
- 能用于制作艺术品的废品，可以用纸筒、鸡蛋盒、牛奶盒、银箔、易拉罐、罐盖、报纸、绳子等你能找到的任何东西。

游戏介绍

收集任何可以用来制作“艺术品”或者“雕塑品”的物品，把所有物品堆积在一起，方便组员选择物品用于制作艺术品。最好是2～4个人制作一个艺术品，每个小组轮流取材，最好能为每个小组都提供胶水、胶带和剪刀。

为小组提供充足的时间来完成他们的“废品艺术”。所有人都完成本组的任务后，举办一个艺术展，让每一个小组展示他们的艺术品，然后大家一起交流心得。

讨论提示

1、你和小组中的其他成员用什么样的方式决定使用哪些废品？

2、创作的主题是怎么确定的？

3、是否每个人都参与到了决策过程中？如果没有，为什么？如果都参与了，你们是怎么做到的？

4、每位组员都为这个任务做出了哪些特殊贡献？

5、为何和他人合作完成任务很重要？

003 共同创作图画

有时候，在生活中如果我们想要成功，就需要接受来自亲朋好友的帮助。如果一个人想要靠一人之力建造房屋，那么他面对的将是巨大的工作量，整个过程都会很艰难，但如果有很多人加入，并贡献自己的一份力量，那么房子很快就能盖起来。这就好像每一个人都是拼图上的一块拼板，在团队任务中发挥自己的特长。

在这个游戏中，作为团队的一员，每个人都要发挥自己的才能，和大家一起创作一幅图画。

目标

让每个人都参与进来，共同完成任务。

适宜人群

需要练习与他人紧密合作，共同完成小组项目的人。

规模

4～12人

材料

- 12种不同颜色的彩色记号笔、蜡笔或者彩色铅笔
- 一大张纸

游戏介绍

分别为每位组员提供一支不同颜色的彩色记号笔、蜡笔或者是铅笔，并告诉他们在整个游戏中，小组创作的图画必须用到所有颜色，且每个人只能使用自己的颜色（不能交换或者分享）!

举个例子，如果想要画一棵树，那么拿着棕色记号笔的人就要画出树干，拿着绿色记号笔的人就要画出树叶。

讨论提示

1、这个任务对小组来说容易吗？为什么觉得容易，或为什么觉得不容易？

2、你们如何合作完成这幅图画？

3、小组每位成员都对这幅作品满意吗？为什么满意，或为什么不满意？

4、自己独立完成容易一些，还是和他人合作完成更容易一些？

5、作为团队的一员，为何和他人合作如此重要？

游戏变动

⊙ 如果小组人数少，那么每个人就可以选择几种颜色的笔。

⊙ 如果受众群是小孩子或者低效能团队，那么最好告诉他们画什么。

⊙ 可以让组员描摹彩色图画书上的作品。

⊙ 可以增加游戏难度，让小组决定每个人使用哪种颜色的记号笔。

004 木板鞋

一个小组在进行团队合作时，必须互帮互助，整个团队才能获益最大。如果有一个队员没有付出，那其他队员就必须更加努力，才能弥补这个懒惰者没有完成的任务。还有一种情况，如果一个人没有合作意识，那无论其他队员怎样努力，整个团队都不能获得最后的成功——完成他们想要努力完成的任务。这个游戏要求所有参与者都要贡献自己的一份力量，帮助团队完成这个有趣但也有一定难度的任务。

目标

所有组员合作完成一个有挑战性的游戏。

适宜人群

需要培养团队合作能力的人。

规模

2～4人（或者将一个大组分成几个小组，每个小组有2～4个人）

材料

- 2块大木板
- 2～4双大号的旧鞋子

游戏介绍

收集2～4双大号的旧鞋子，把鞋底牢牢地固定在木板上（用钉子、螺丝或者强力胶都可以），鞋子都朝着一个方向，同一双鞋子要分别固定在不同的木板上。

找一个大场地，把制成的“木板鞋”分别竖着放在场地的一端，要求参与者穿上一双鞋子。小组要挑战的内容就是合力向前移动，成功地穿过场地，到达另一端。

讨论提示

1、在这个游戏中，为了最后完成任务，小组成员需要如何做？

2、在这个游戏中，你担当了哪种角色？

3、在你的生活中，你是否有过和他人合作完成任务的经历？如果有，那是在什么情况下，你要做的事情是什么？

游戏变动

⊙ 如果小组人数较多，那么大家轮流使用“木板鞋”，或者多做几双。

⊙ 使用计时器，这样小组可以为了打破纪录多进行几轮。

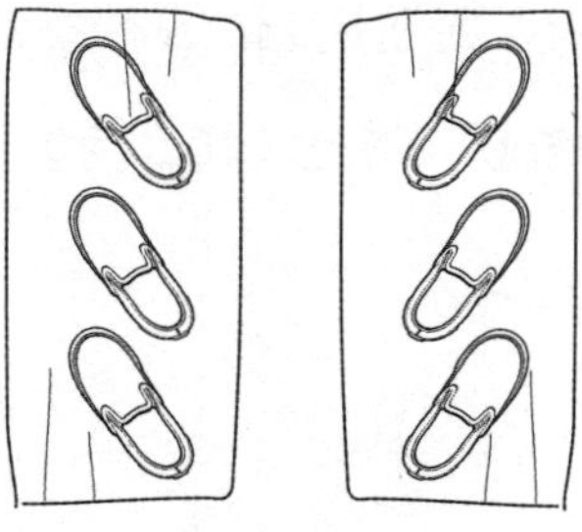

005 先竞标再合作

亲人之间、主管之间以及很多涉及资金利用的团体之间，都可能在如何使用资金上产生很多问题和矛盾。在资金不足，且来源较少的时候，我们就要仔细考虑如何利用这些资金，同时还应当考虑到所有参与者的意见。

目标

团队共同解决问题，并做出决定。

适宜人群

需要练习参与集体决定的人。

规模

2~20人

材料

- 一大张纸、黑板、白板等
- 可以在纸、黑板及白板上写字的笔
- 可以让小组从A点到达B点的各种物品（比如飞盘、纸张、绳索、呼啦圈、木片或纸板、旧垃圾桶、运动垫子等任何你可以找到的东西）
- 纸

- 钢笔或铅笔
- 备选：游戏筹码

游戏介绍

这个游戏结合了两个团队合作类的游戏。在一张纸上列出你收集到的所有物品，展示给组员们看。将所有人分成若干小组，每组至少2人，给每个小组提供一张纸和一支笔。帮助小组理解他们的任务——使用物品单上的任何物品，把小组所有成员从场地的一端转移到另一端（至少10码远），小组成员身体的任何一部分都不能接触地面。

第一部分，首先小组必须通过竞标，才能得到物品单上的物品。每个小分队有100分（或者100个游戏筹码），可以用于购买物品。他们需要根据物品的重要程度为每个物品标价，并记录在纸上。比如，可能有一个小队出价75分购买飞盘，25分购买绳索。另一个小队出价50分购买绳索，25分购买飞盘，还有10分用于购买纸张，15分用于购买纸板。

在标价完成后，把记录的纸张收集上来，根据出价高低分配物品。因此第一队就只能得到飞盘，第二队可能会拿到绳索、纸张和纸板。如果有两队打成平手，那么可以再进行一次竞标，或者在条件允许的情况下平均分配。

在各个小队都拿到相应物品后，就可以开始第二部分的团队合作游戏了。组员要紧密合作，成功地把每一名队员运送至另一边，并且小组成员身体的任何一部分都不能接触地面。

讨论提示

1、在你的小团队中，决定标价数额的过程是否有难度？为什么有难度，或为什么没有难度？

2、为了达成一致，你们该怎样做？

3、在你有不同意见的时候，你会怎样做？

4、在这个游戏结束后，你如何评价自己团队的合作能力？

5、在小组做决定的过程中，你通常担当什么样的角色？你觉得你是否适合这个角色？为什么？

游戏变动

⊙ 这个方法也可用于“变废为宝”那个游戏，团队成员可以竞标购买用于创作艺术品的物品。

006 泡泡之旅

我们在解决一个问题或思考一个难题时，如果很轻易地得到答案，就很难感觉到游戏带来的挑战性。如果我们在获取答案的过程中，经过了很多次尝试，就会感觉到很多的乐趣和刺激。

只要这个任务富有挑战性，并且所有参与者能一起努力，集思广益找出答案，那么即便是像吹泡泡这种简单的游戏也可以变得激动人心。

目标

作为小组的一员，和大家一起解决问题，完成这个有挑战性的任务。

适宜人群

有能力解决问题，但是需要锻炼团队合作技巧，与大家共同解决问题的人。

规模

2～4人（或将一个大组分成若干小组，每个小组2～4人）

材料

- 碗
- 洗手液或洗洁精
- 水
- 吸管
- 纱线

游戏介绍

为小组提供所有的必需品，向他们解释本次任务是使用提供的道具制作泡泡（飘在空气中的泡泡），泡泡越大越好。

提示：可以将肥皂液和水混合成稀溶液，虽然吹泡泡有点难，但是配置好比例合适的溶液可以降低这个任务的难度。我们把一段纱线穿过两根吸管，然后打结，做成一个四边形，把它浸入肥皂水中，就可以吹出肥皂泡了。你也可以把吸管裁成两截，吹出小一点的肥皂泡，或者用你的手指围成圈吹泡泡。

讨论提示

1、这个任务对组员来说有难度吗？如果有难度，为什么？如果没有难度，又是为什么？

2、你们小组是怎样找出解决办法的？

3、你认为有必要和他人合作完成这个任务吗？为什么？

4、和他人怎样合作才能更容易地解决问题？还是对你来说，和他人合作会让问题变得更难解决？

5、你为小组做出了哪些贡献？

6、你怎样看待自己的付出？

007 大家一起来爬树

很多人都爬过树，有时候一个人爬树比较容易，但是如果一群人一起爬一棵树，难度就会增加很多。如果队员中有人受了伤，那么这个任务就更具有挑战性了。

这个游戏的难度在于，组员必须首先考虑安全问题（首先要挑选一棵安全的树），其次每个组员都必须先为他人考虑，小组最好在开始爬树之前制订一个行动计划。虽然玩得开心，但不要忘了，能爬上去还要能爬下来才行。

目标

小组共同完成任务，并且在完成任务的过程中保障组员的安全。

适宜人群

有能力保障个人安全，且能够帮助他人，但是需要锻炼团队合作技巧的人。

规模

至少3人（取决于树的大小）

材料

- 一棵安全的可攀爬的树
- 一个盛有水的杯子（备选）

游戏介绍

找一棵适合攀爬的树，小组的任务是让每一位组员都爬上树（你需要对攀爬的高度设一个限制）。不要超过这个攀爬高度，在攀爬过程中要确保安全性（可以使用头盔，其他人要关注正在攀爬的人是否安全，建议选择一棵有较矮的枝桠粗大的树）!

如果想要增加游戏的难度，在攀爬过程中，你可以让几个组员装成“伤员”或者“残疾人”（比如盲人、四肢受伤的人等）。如果再想增加难度，可以提供一杯水，让组员传到树上，且水不能溢出。

讨论提示

1、小组成员是如何合作让所有人都爬上这棵树的？在这个过程中，出现了哪些问题？

2、完成游戏的过程中，如果不进行言语交流，可能吗？为什么？

3、在这个游戏中，团队合作起到了什么作用？

4、小组队员是如何互相帮助的？

5、你曾经需要过帮助，或者帮助过他人吗？是在什么时候、什么情况下？

008 吸管高塔

这个游戏非常具有挑战性，它可以激发组员的创造力，因为它可以有很多解决方案。这个游戏的挑战性在于小组必须集思广益，提供很多想法和可能的解决方案，但是最终只有一个方案会被采纳。

目标

和他人共同合作完成任务，并且参与小组的决策过程。

适宜人群

能够提出自己的想法，但是需要学会接受他人的想法，学会妥协的人。

规模

2~10人

材料

- 喝水的吸管
- 回形针
- 绳子
- 吸管清洁器
- 剪刀

游戏介绍

为小组成员提供一堆吸管、回形针、吸管清洁器、剪刀和一卷绳子。让组员用所给的材料搭建一座塔，越高越好，且不能倒塌，任务需要在规定时间内完成。

作为附加的激励措施，你可以多分几个组，比一比谁的塔更高。

讨论提示

1、你们小组是怎样着手开始这个游戏的？

2、你们组员是否就搭建高塔的方案达成了一致？如果未能达成一致，你们最后是怎样做出决定的？

3、在决策过程中，你担当了什么样的角色？

4、通常你会附和他人的意见，还是想让大家接受你的意见？为什么？最终结果通常是怎样的？

5、有哪些恰当的方法可以让一个小组共同做决定？

6、对你来说，为什么和他人合作，共同做出决定很重要？

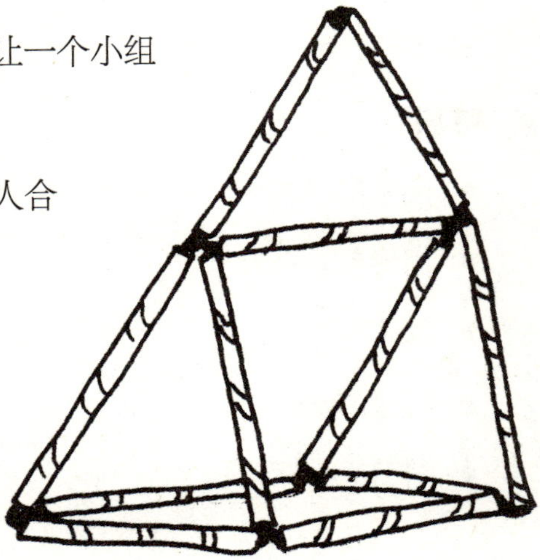

009 拾荒游戏

拾荒这个游戏流传已久。物品清单上通常都是家里的日常用品，再加上一些古怪的小玩意儿。设计一个有创意有难度的物品清单需要花点时间，不过如果参与创建清单的人比较多，每个人都提供一些自己的想法，那么设计一个拾荒游戏也会很简单。

目标

小组一起做决定，共同完成团队项目。

适宜人群

在团队共同决策的时候，需要学习与他人协调的人。

规模

至少6人

材料

- 纸
- 钢笔或铅笔
- 大的纸袋

游戏介绍

将参与者分成若干小组，每个小组至少3个人，分给每个小组一张纸、一支钢笔或一支铅笔。指导小组完成拾荒游戏的物品清单，每个清单在指定区域内要列出10个物品。清单上可以有：一片五角形的叶子，一枚发行了10年以上的硬币，一个旧易拉罐（清单上的物品取决于拾荒游戏的地点）。小组制订好物品清单后，指导者将清单收集起来，进行重新分配。每个小组在拿到新的清单后，要在规定时间内找出清单上所列的物品。

在时间结束后，将所有小组集合起来，展示他们所找到的清单上的物品。

讨论提示

1、在列物品清单的时候，你们的所有组员都提出自己的想法了吗？

2、在这个游戏中，你们的组员都担当了什么样的角色？

3、为什么小组一起完成任务的时候，共同决策的能力很重要？

4、你有哪些方法能够让小组做决定的时候更加快捷？

游戏变动

⊙ 给每个找到的物品设定分值，或者给最先找齐所有物品的小组加分。

⊙ 设计一个寻宝游戏，小组在设计清单之后，可以在指定区域内留下相应的线索。

010 给排球编号

排球是一种很受欢迎的团队运动，但是有时候和一些人打球，你感觉更像是个人运动。有些人一直自己控球，不让别人哪怕是自己的队友碰到球。排球这个游戏非常需要团队合作，在一个队伍中需要几个人很好地配合才能打出更棒的球，因此合作比较好的团队才能最终获胜。

目标

和他人合作共同完成小组任务。

适宜人群

喜欢打排球，但是不懂得团队合作，总是自己独立击球的人。

规模

6~20人

材料

- 排球网
- 沙滩排球或排球
- 笔、纸、信封或小容器

游戏介绍

在游戏之前，把一张纸分成6份，在每张纸上写下1~6不同的数字，把这些纸片放到一个信封里，或者一个小容器中。

把小组分成人数相当的两个小队，分别站在球网的两边。按照正常排球规则比赛，但在每次发球前，要从信封中选择一个数字，这个数字代表了每个小队在将球击过球网之前必须击球的次数。比如，如果选中的数字是5，那么这个小队必须击打排球5次才能把球打过网。如果这个小队击球次数多于或少于5次，那么另一个小队就能获得发球的机会或者得1分。在每次发球之前，都选择一个新的数字，直到有一个小队先得到了15分，游戏才算结束。

讨论提示

1、你认为相比于普通排球比赛，这个游戏是否需要运用更多的团队合作技巧？

2、为了获胜，你的小队需要采取哪些措施？

3、为什么团队合作如此重要？

4、如果你的小队中有一个队员不合作，那么会有什么样的后果？

5、一个优秀的团队有哪些特质？

011 变化队形

观看体育赛事的时候，你会发现啦啦队员总是成队出现，也许一个啦啦队员也能鼓舞自己这边的粉丝，带领粉丝们一起喊加油，但这远远不够，如果所有队员都参与的话，他们就能一起跳舞，摆出金字塔造型，轻松带动整个赛场的气氛。

这个游戏一个人也能做到，但是一整队人才能更好地完成这个挑战任务。这个游戏要求小组成员用自己的身体一起摆出各种造型，因此团结和合作是成功完成任务的最重要因素。

目标

所有队员共同摆出一个团体造型。

适宜人群

需要学习和队友合作的人，以及能够和他人近距离接触的人。

规模

至少4人

材料

- 无

游戏介绍

列出一系列小组能够用身体摆出的造型，每一个造型都需要所有组员的参与，它既可以是移动的，也可以是静止的。小组可以摆成打字机、电脑、拖拉机、推土机、洗碗池、直升机、食品加工机、淋浴器等。如果小组数量较多，就可以激励每个小组更有效率地完成任务。你也可以设定摆造型的时限，给提前完成的小组加分。

讨论提示

1、在这个游戏中，是否每个人都能感觉到自己的参与？为什么？

2、你们如何确定组员的分工？

3、在小组游戏中，你们通常如何做出决定？这是否是一个好方法？为什么？

4、有哪些好方法帮助小组做出集体决定？

012 摆纸杯

这是一个风靡全世界的游戏，有些小组能很快地完成游戏任务，有些小组却要经过多次尝试才能成功。游戏最难的部分在于受挫的时候不能放弃，而且绝对不能作弊（我见过很多这种情况）！但不管怎样，这个游戏依然很受欢迎。

目标

合力完成一个难度较大的任务，即使有挫败感，也不轻言放弃。

适宜人群

在与人合作方面存在障碍，需要练习此方面的社会技能，以及容易放弃的人。

规模

至少3人（6人最理想）

材料

- 剪子

每组需要：

- 10个同等大小的纸杯
- 一根橡皮筋（能正好套在纸杯上）
- 6根绳子（每段长2～3尺）

游戏介绍

在游戏之前剪下6段2～3尺长的绳子，分给每个小组，均匀地把6段绳子缠绕在一根橡皮筋上（看起来就像一个太阳，四周射出6条阳光线），每个小组分到一根这样的橡皮筋。

把一个大组分成几个小组，每组6人（尽可能接近这个数）。给每个小组10个纸杯，一根缠好绳子的橡皮筋，把纸杯反过来分散地放置在桌子上。

要求小组成员用纸杯搭建一个金字塔（四个纸杯在最下面，三个摆在第二排，两个在第三排，最上面放一个）。

小组成员不能用手或身体的其他部位碰到纸杯，即使纸杯掉在地上也不可以。

每位组员握住橡皮筋上的一根绳子，用这个装置拾起纸杯，把纸杯摞起来（用绳子把橡皮筋撑开，套在纸杯上）。如果有的小组人数不够6人，那么有的组员就需要握住两根绳子（不过这能降低游戏的难度）。

讨论提示

1、在这个游戏中，有人感到挫败吗？如果有，那么你们怎么处理这种情况？

2、为什么团队合作对这个游戏来说很重要？

3、你是否经历过需要团队合作的情况？这对你来说容易吗？为什么？

4、你觉得合作时哪儿最难?

5、你今天为团队合作做出了哪些贡献?

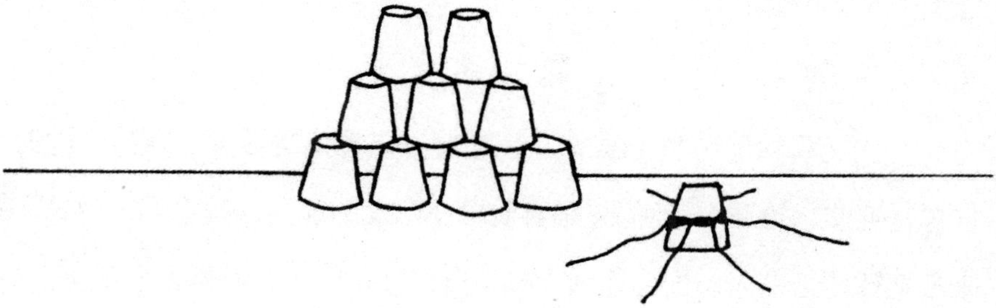

013 站在圈中玩排球

一些优秀的运动员（或者一些自以为优秀的运动员）在打球的时候总是喜欢“抢球”，他们总是喜欢抢在队友的前面，截下球，或者从来不把球传给别人。这会让别人感觉自己被忽略了，心情也会很失落，很沮丧。事实上，只有每个人都同等地参与到游戏中，大家才能更好地享受游戏带来的乐趣，“抢球者”才能体会到什么是团队合作。

目标

通过交流体现对团队中他人的重视。

适宜人群

在团队中总是忽略他人，需要摆脱以自我为中心的状态，平等地参与到团队游戏中的人。

规模

8～12人最佳

材料

- 排球网
- 沙滩排球
- 呼啦圈，数量应比参与者数量多4个（或者绳子、胶带等可以用来在地上画圈的东西）

游戏介绍

像平日打排球一样支好排球网，并将参与者分成人数相当的两队，将呼啦圈（或者其他可以画圈的东西）分散放置在球网两侧的地面上，两侧的呼啦圈数量应比队员人数多两个。要求两个小队各就各位，每人选一个呼啦圈站在里面，一方发球，比赛开始。

在比赛期间，所有队员必须一直站在呼啦圈中，且一次只能站在一个呼啦圈中。在游戏中，队员可以转入另一个空着的呼啦圈中，帮本队把球打过网。你可以按照普通的排球规则来打球，也可以要求球在过网前必须在同一球队内传球三次。在球场中打球，大家都需要很强的团队合作意识。

讨论提示

1、在这个游戏中，你们需要与人交流吗？

2、交流对于团队合作是否重要？为什么？

3、在这种非常规排球比赛中，你是否要更多地考虑到队友的反应？为什么？

4、你的队友团队合作意识强吗？他们是怎么做的？

5、你的团队合作意识强吗？你是怎么做的？

014 巧取糖果

制作彩饰陶罐，复活节砸彩蛋，万圣节不给糖果就捣蛋，这些都是得到糖果的好方法，但这都是为了自己拿糖果！大家在抢糖果的时候，都很好胜，不过在这个游戏中，你和队友合作得越好，拿到的糖果就越多！

目标

和你的搭档一起解决问题，互相帮助，完成任务。

适宜人群

需要练习与队友一起解决问题，并学会与他人互帮互助的人，以及能够与他人近距离接触的人。

规模

至少2人

材料

- 一袋有独立包装的什锦糖果
- 能容下两个人同时站立的硬纸板、木板、地毯等

游戏介绍

在游戏开始前，把硬纸板之类的材料放在地板上（确保它不会打

滑，可以用带子将其固定在地上），把糖果散落在硬纸板四周的地面上。糖果需要放远一点，远到只有一个人站在纸板上就无法碰到糖果。

要求参与者两人一组。挑战任务是每对搭档互相合作，轮流去捡糖果。参与者需要遵守如下规则：

1、你和你的搭档必须一直待在硬纸板上。

2、你们的身体或者衣物不可以接触地面。

3、如果你们触碰到地面，糖果数就需要清零，重新开始。

4、不可以滑动脚下的纸板。

5、你只能捡起糖果，不可以拖曳它。

6、不能借用其他物品（比如腰带、衣服等）捡起糖果。

7、不管捡起哪种糖果，你和你的搭档都可以留下这些糖果。

8、每捡起一块糖果你只有10秒钟的时间，否则糖果数清零。

我们制订第8条规则是因为有的组如果有捡糖果的好方法，他们可能会捡起所有的糖果，第8条规则能有效避免这种情况。当然，一个组把所有糖果捡光也是可以的，不过你要记得在每对搭档开始游戏之前及时补充糖果。

你可以把一些好糖果放得远一点，增加游戏的难度。而且你需要根据组员的身高调整纸板的长度。

为了强调团队合作，你需要给小组留下一定的时间来思考捡糖果的方案，而且在捡糖果前可以练习一下。

提示：可以拉住自己的搭档，让搭档去捡糖果。

讨论提示

1、在这个游戏中，你和你的搭档如何才能获胜?

2、你能独自完成这个任务吗？为什么？

3、你是否依靠他人的帮助获得过成功？你愿意接受他人的帮助吗？为什么？

4、对你来说，什么时候接受他人的帮助更合适？

015 独一无二的人体画

团队中的每个人都是独一无二的，每个人都能为团队的活力增添自己的一份色彩。有时候，人们意识不到这一点，他们感觉自己被忽视冷落，找不到归属感。

在这个游戏中，每个人都能以自己微小的、独特的方式为成功完成小组任务做出自己的一点贡献。任务是完成一幅属于所有人的画，它融合了每一个参与者的特点，让每个参与者都感觉到：自己的特殊让这幅画变得与众不同了。

目标

与组员共同创作一幅人体图画，图画的原型来源于每个人。

适宜人群

需要融入团队的人。

在团队中找不到归属感，或者感觉自己不重要的人。

规模

至少2人，但10人最佳

材料

- 一张很大的纸
- 黑色记号笔

- 彩色记号笔、蜡笔、钢笔或者铅笔

游戏介绍

这个游戏很简单。把一张很大的纸铺在地面上，描摹团队中每个人身体的一部分，最后画出一个完整的身体。如果小组人数较少，那么每个人描摹的身体部位就可以多一点。如果小组人数较多，那么就可以画得更细致，比如可以画出人的手指，或者多画几个身体。在人体框架画好后，小组可以为它涂上颜色，创造出一个完整的人。

讨论提示

1、每个人如何为这个项目做出自己的贡献？

2、你是否有过需要为团队出力的时候？你出力了吗？为什么？

3、你愿意成为团队的一分子吗？为什么？

4、小组中的其他组员是如何帮助你的？

5、你愿意接受他人的帮助吗？为什么？

016 搭一座桥

如果为你提供了一个答案的所有要点，解决问题就会变得非常容易。但是如果需要大家一起思考才能得到答案，那么即使解决一个简单的问题也会有一定的难度。一个团队的人一起思考解决问题时，就是如此。

参与者如果能团结合作，集思广益，那么很快就能思考出问题的答案，接下来就是所有组员互帮互助，一起执行这个解决方案。

目标

作为小组的一员，和大家一起解决问题，完成一项有难度的任务。

适宜人群

有能力独立解决问题，但需要学习与队友合力解决问题的人。

规模

至少4人

材料

- 10块平板或硬纸板（至少1尺×1尺）

游戏介绍

小组任务是把组员从房间的一端转移到另一端，规则是：他们只能利用提供的纸板到达房间的另一端；在游戏过程中，每个人都不能触碰到地面，只能踩在纸板上；纸板一旦落地，就不能再进行移动（除非小组决定重新开始，拾起所有的纸板）；只要有组员踏上了纸板，就只能向前移动，不能后退。

现在将参与者平分成两个小组，每个小组分得5块板子（纸板数量根据队员在用板子铺路时，刚好能到达路程的中间点为准）。向组员解释，由于这个任务需要以小组为单位进行，所以必须分成两队，双方面对面分别站在房间的两端。要求两个小组制订一个计划，按规则将小组成员全部转移到房间的另一端。

两个小组想要达成目标非常难，因为双方都没有足够的板子搭起这座桥，只有他们能够想到：两个小组到达中间点相遇时，必须互帮互助，合力搭起这座桥，才能够通过。

由于只能前进不能后退的规则，两个小组到达中间点时，需要合作才能绕过对方向前进移动。

这个游戏很有趣，指导者提供的暗示越少越好，两个小组距离越远，游戏效果就越好。

讨论提示

1、为了能够成功完成任务，双方小组都需要怎样做？

2、在中间点，和对方相遇，需要合作时，你有哪些感想？

3、你是否经历过需要依靠别人获得成功的情况？那是在什么时候，你是如何做的？

4、对你来说请求别人的帮助有困难吗？为什么？

5、你在什么情况下会请求别人的帮助？你求助了吗？

017 集体投篮

在打篮球的时候，总会有一些人能为团队赢得很多分数，而有些人却没有机会为团队赢得分数。现在我们将分值与团队合作挂钩，取消投篮得分，因此每个人就都有为团队赢得荣誉的机会了。

目标

依靠全体成员的力量完成小组任务。

适宜人群

在竞争局面下，需要学会团队合作的人。

规模

6～10人最佳

材料

- 篮球
- 篮球场

游戏介绍

像常规篮球赛一样，把参与者平均分成两队，按照常规游戏规则进行。但有一点不同，获胜的标准为：每一个队员必须且只能投中一个球。

如果游戏进展较快，可以改变一下规则：每个队中的队员投中一次篮就得一分。

讨论提示

1、这个游戏和普通篮球赛有何不同？你的参与为这个游戏带来了哪些不同？

2、这个游戏比普通球赛难一些，还是简单一些？为什么？

3、如果你的队友中有人总是投不中篮，你会不会很郁闷？如果有，你怎么缓解这种情绪？

4、有时候接纳所有人对你来说是不是很难？为什么？

5、你在接纳他人时是否有困难，或者总觉得自己被排斥？

6、你会做出怎样的努力去接纳他人或者主动参与到游戏当中？

游戏变动

⊙ 这个方法也适用于其他游戏，比如足球或曲棍球。

018 六分，三分，一分

篮球赛中，虽然三分篮很难投，但是一个三分篮比一个两分篮更有效。所以对一个篮球队来说，有一个优秀的三分投篮手是一种很大的优势。

在这个游戏中，我们利用团队合作意识得分。一个队伍中投篮的人数越多，就有越多的“三分投篮手”，甚至“六分投篮手”。

目标

在游戏中让每一个队友都参与进来。

适宜人群

在体育运动或者比赛中，需要学习接纳队友的人。

规模

6～20人最佳

材料

- 篮球、足球（取决于你打哪种球赛）

游戏介绍

在这个游戏中，选择一种两队比赛赢分的运动项目（比如篮球运动或足球运动）。每个队员第一次投篮得六分，第二次得三分，其后每进一球都只能算一分。因此你的队伍中投篮的人越多，得分就越高！

讨论提示

1、你喜欢这种游戏规则吗？为什么？

2、在这个游戏中团队合作意识重要吗？为什么？

3、你们团队中的每个人都投篮了吗？为什么？

4、是否所有人至始至终都参与到了游戏当中？为什么？

5、什么时候需要所有人都参与？

6、你有哪些方法让他人感觉自己融入到了这个游戏中？

019 穿越绳网

如果爬过带刺的铁丝网围栏，你就会知道，有三种方式可以穿过围栏（在不破坏围栏的前提下）。你可以从上面越过去，从下面钻过去，或者从中间的空隙中穿过去。

在这个游戏中，参与者可以通过这三种方式穿过两条铁丝网围栏一样的绳索。不过为了增加游戏的难度，需要多加几条规则。要想成功完成这个游戏，团队合作意识必不可少。

目标

和队友合力解决问题，相互交流，建立信任感，与此同时，注意安全。

适宜人群

需要学习和他人共同解决问题的人。

需要学习和他人合作，学习向他人求助，需要让自己变得可信赖的人。

规模

至少5人

材料

- 2条长绳

- 可以拴住绳子的地方（树、排球网支架等）

游戏介绍

把两条长绳水平地牢牢系在树上（或者其他支架上），中间留好合适的空隙，允许每位组员能够在他人的帮助下通过，绳索的高度根据组员的能力水平以及组员的体格大小进行调整。

绳索固定好后，小组就可以开始任务了，所有的组员必须成功地从绳索的一侧转移到另一侧。参与者需要遵守以下规则：

1、任何人在任何时候都不能触碰到绳索，否则整个小组都要重新开始。

2、必须有一个人从较高绳索的上面跃过去。

3、必须有一个人从较低绳索的下面钻过去。

4、其余的队员必须从两条绳索之间穿过。

5、不可以绕过绳索。

这个游戏的重点在于团队合作，并且要注意安全。

讨论提示

1、在这次游戏中，你认为你们小组表现如何？

2、最难的部分是什么？

3、为了获胜，你需要做什么？

4、在这个游戏中，你担当了哪种角色？

5、在团队合作中，你通常担当哪种角色？

6、在生活中，什么情况下你需要团队合作？

7、你需要提高哪些团队合作技能？你在哪些方面比较擅长？

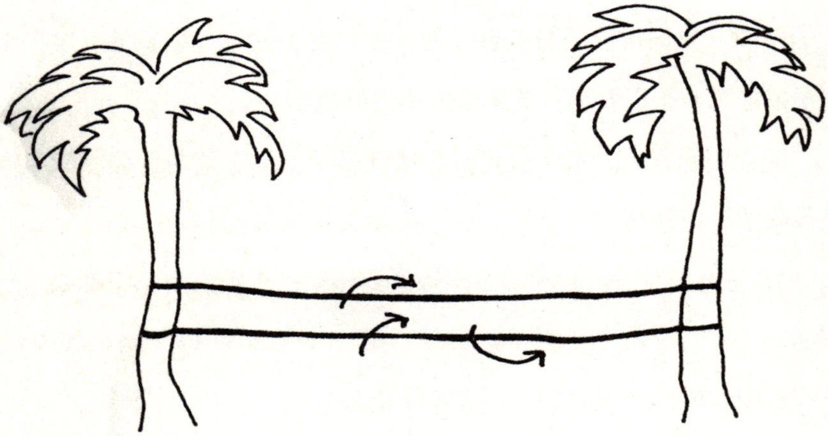

020 越　狱

如果把你和他人绑在一起，那么在完成任务时，你们就需要很好地进行团队合作，就像在这个简单有趣的团队合作游戏中一样。

目标

通过团队合作以及沟通交流，和搭档共同完成一个有难度的任务。

适宜人群

需要学习为他人着想，以及学习交流技巧的人。

规模

至少2人

材料

- 每两个人使用一段一尺长的绳索
- 各种游戏材料

游戏介绍

进行分组，两人一组，给每对搭档提供一段一尺长的绳索。在游戏过程中，每对搭档必须分别抓住绳索的两端（就像被铐在一起一样），或者你可以直接把两个人的手腕绑在一起。

双方被绳索绑在一起后，你就可以让他们完成各种任务。你可以根据手中的道具设计任务。比如：

1、穿过一段有障碍的路；

2、跑一段距离；

3、投5个球；

4、和另一队搭档比赛打乒乓球；

5、做运动（仰卧起坐、俯卧撑等）。

如果有人松开了手里的绳子，他们的分数就要清零，重新开始。此外，还可以增加鼓励措施，让每一个小组重复两次同样的游戏，并计时，争取让每个小组都能打破自己的纪录。

讨论提示

1、对你来说，有一个同伴让生活变得更容易了，还是更难了？为什么？

2、你的哪些行为帮助或者妨碍了你的搭档？为什么？

3、在哪些情况下，拥有一个同伴能给你带来什么帮助？

4、你觉得你的生活中有哪些人妨碍了你？为什么？

5、在你的生活中，哪些人是很好的搭档？他们给了你哪些帮助？

游戏变动

⊙ 如果你觉得“越狱”这个词不合适，你可以说他们是“连体双胞胎”。

⊙ 可以不绑手腕，把脚踝绑在一起。

021 三次击球

在打比赛的时候，大家通常更关注得分情况和胜负情况，但是通过相互配合为自己的队伍赢分（就像这个游戏一样），我们的注意力就从胜负转移到了团队合作上。

目标

增加常规排球运动中的合作性。

适宜人群

在比赛时不擅长与他人合作的人。

规模

6～12人最佳

材料

- 排球
- 排球网

游戏介绍

按照常规进行一场排球赛，但是需要增加一些新的规则。球队在击球过网之前，如果能够击球三次，就可以额外加一分，这一分是为了奖励团队合作，可以直接加分。小组随时都可以赢取这一分，即使他们现在没有发球权。

这个游戏听起来有些让人费解，而且分数也不容易记录，不过这些分数通常都很难得到。

讨论提示

1、增加新规则后，你们小组的团队合作是增加了，还是减少了？

2、当你们的注意力集中在团队合作上时，这个游戏的乐趣是增多了，还是减少了？

3、对你来说，有团队合作的运动是否更加有趣？

4、在团队中，你会怎样加强小组的团队合作？

5、在你的生活中，你能想到哪些事需要你运用团队合作技巧帮助他人？

游戏变动

⊙ 先用沙滩球或者其他重量轻一点的球开展比赛，在小组准备好接受更大的挑战后，再换成普通排球。

022 搭建纸塔

大多数人都喜欢挑战，这就是为什么现在有那么多竞技游戏、极限运动和比赛。有时候我们受到挑战，却发现这些挑战太微不足道了，根本无法满足我们，我们其实想要走得更高，做得更好，或者有更大的成就。

不论是个人还是小组都可以接受挑战。下面这个挑战是一个说难也难、说简单也简单的游戏，通常，大家都会非常积极地参与这个游戏，即使遭到挫败也不愿意放弃。他们总是想把纸塔垒得比前一次更高，哪怕要重新开始很多次，这个游戏中的挑战能够让队员们紧密团结起来。

目标

以小组为单位，一起合作解决问题，即使遇到了挫折，也要坚持下去。

适宜人群

有独立工作能力，但是需要学会团队合作的人。

规模

2～10人最佳

材料

- 一沓8英寸×11英寸大小的纸张（复印纸最佳）

游戏介绍

只为组员提供一沓纸作为道具，指导组员用所给的纸张建造高塔，越高越好，不能使用胶带、粘胶、回形针之类的东西（有时候我给小组提供的纸张数量只有15张，有时候收集多少我就给多少）。

玩这个游戏可以有很多种方式，不过我发现如果给他们一个目标，他们会更加卖力（比如，我曾经见过有人搭起五张纸长度那么高的塔）。每次我说到这个的时候，大家都想要达到这个高度，甚至想要比这个更高。

我们设定的目标要有一定的难度，但也要切合实际。或者我们可以分成若干小组，比一比谁的塔搭建得更高些。

提示：搭建纸塔的方式有很多，不过最好的方法就是把一张纸折成三折，再打开便之成三角形状，把它们依次摞起来，或者在叠起来的纸之间放一张水平的纸。

讨论提示

1、为了解决这个问题，小组采取了哪些措施？

2、每个人都出力了吗？如果出力了，他们是如何出力的？如果没有，为什么？

3、小组中有人泄气吗？如果有，你们怎样处理的？

4、小组怎样合作的？

5、作为小组的一员，你在这个游戏中担当了哪种角色？

6、在生活中，哪些情况下你需要与他人合作？

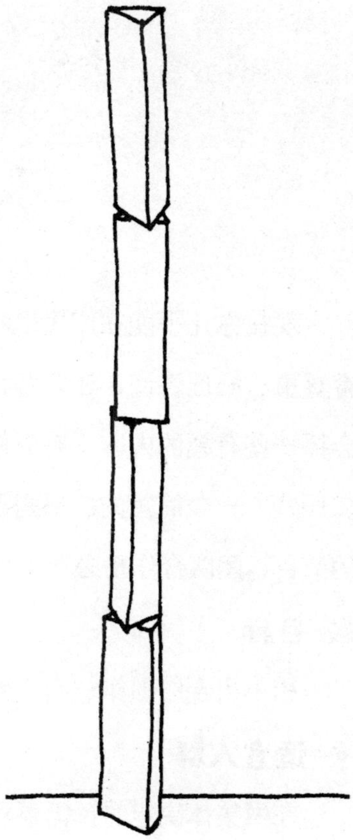

023 广播电台

现在你几乎能在广播里听到各种题材的内容——新闻、天气、体育赛事、心理咨询，还有各种音乐。广播几乎都是直播的，有时候它会播一些有趣的内容，有时候是一些有用的信息，通常都是娱乐节目多一些。一个简短的广播需要一个团队共同制作，要想推出一个出色的节目，团队合作是必不可少的要素。

目标

和小组合作创作一期广播节目，分享所见所闻，增进小组感情。

适宜人群

在做集体决定时，需要学习与他人合作，提高自身社交技能的人。

规模

至少4人

材料

- 纸
- 钢笔或铅笔

游戏介绍

将参与者分成两个小组，每组2～6人。为每个小组提供另一个小组的人员名单，指导他们制作一则关于另一个小组的电台广播，并提供以下指导意见：

小组共有20分钟时间制作这则电台广播，内容主要是关于过去几天（或者其他时间段）发生的事件或做过的游戏。题材可以为诗歌朗诵、相声、歌曲、天气预报、赛事播报等，但必须包含名单中另一小组每位成员的最新消息（有时候你还可以加一些其他的说明事项）。

给每个小组一个独立的创作空间，避免被他人窃听。

在规定时间结束后，召集各个小组，要求他们展示自己制作的广播。你可以让一个人展示整个广播，也可以要求每一个参与者展示他们帮助录制的那一部分内容，作为额外的团队合作展示。

讨论提示

1、是否每个人都参与了广播的制作？如果全部参与了，为什么？如果有人没参与，为什么？

2、每位组员都为最后的作品付出了哪些努力？

3、作为团队中的一员，和大家共同创作出引以为豪的作品，是什么感觉？

4、在生活中，你是否参加过一些小组或团队，让你觉得非常有归属感？

5、你是否参加过一些小组，创作了你不满意的东西？你在小组中做哪一部分工作，为什么你不满意这个作品？

6、如果你和其他组员意见不一致，不想再参与了，你会怎么做？

024 集体晚餐

为集体利益而共享资源不是一件容易的事，就好像国会里的代表们都来自不同的州，代表的利益不尽相同。只有大家聚在一起，为国家谋利的时候，才能达成一致意见（但不是每个州都能得到自己想要的利益）。这个游戏就是要大家集思广益、为他人着想，更多地去考虑集体利益，而非个人利益。

目标

小组成员共同解决问题，在为他人着想的基础上做出决定（否则小组要承担相应的后果）。

适宜人群

需要学习为集体利益，而非个人需求着想的人。

规模

至少4人

材料

- 每位组员12元钱
- 可以去当地杂货店的运输工具

游戏介绍

这个游戏适用于任何需要一起进餐，或者计划聚餐的团体。这次我们不按照常规进行，我们给每位组员12元钱，并把他们送到当地杂货店，告诉他们，他们所买的东西就是小组的晚餐。每个人可以选择买自己想要的东西，但他们很快就会发现12元钱买不了多少东西，每个人必须分享他们购买的物品。

希望小组成员能聚在一起商量制订一个计划，把钱凑在一起，或者分配购买的食物（比如，一个人买面条，其他人可以买调料、面包、饮料、做沙拉的蔬菜、沙拉酱和甜点，共同完成一顿晚餐）。如果小组不这样做，每个人都买自己吃的东西或者垃圾食品，那也可以，这就会变成一堂有趣的反面课程。

讨论提示

1、你对小组做的晚餐感觉如何？

2、小组经历了哪些困难才完成这顿晚餐？

3、对你来说，做集体决定最难的部分在哪儿？为什么？

4、在哪些情况下，你需要和他人一起做决定？

5、和他人一起做决定需要注意哪些事项？

025 只看一眼

在和他人一起做项目时，良好的沟通对于团队配合来说至关重要，尤其是建筑项目。建筑师设计好方案，工头就需要向工人解读，让他们了解自己需要完成的建筑工作。这个游戏就是一个建筑项目的缩影，完成这个游戏需要所有参与者进行良好的沟通和合作。

目标

小组共同完成一个有难度的任务。

适宜人群

需要在合作中学习社交技巧的人，以及需要学习倾听和听从指令的人。

规模

至少4人

材料

- 积木这类物品（比如乐高积木、雪糕棍、木棍等）

游戏介绍

建造一个小的建筑，或者其他作品（如果受众群是低效能群体，就设计得简单点，如果是高效能群体，就难一点），然后把它藏起来，不要让组员看到。把参与者分成若干小组，每个小组2～5人。为每个小组提供足够的建筑材料，便于他们模仿你刚刚制作的作品。

把你的作品放在一个隐蔽的地方，与各小组距离相同。每个小组选择一个组员，代表们一同上前观察你的作品，能记住多少就记住多少，但他们只有5秒钟的观看时间，然后返回各自的小组。

回到各自的小组后，他们有25秒钟的时间指导其他组员模仿建造你藏起来的作品。25秒后，每个小组再派另一个组员上前观察。不断重复这种方式，直到有一个小组成功地模仿出你的作品。

可以多制作几个作品，多进行几轮游戏。

讨论提示

1、这个游戏的哪些地方需要合作？

2、你们组的每位成员都做了哪些工作？

3、在小组合作时，为何互相配合如此重要？

4、团队合作包含哪些要素？

5、在日常生活中善于与他人合作有哪些好处？

游戏变动

⊙ 为每个小组提供一沓纸和一支笔，以便他们记录在5秒钟时间内观察到的作品特征。

026 灯　塔

灯塔能在夜间或者有雾的天气引导船只远离危险区域，如果想让船只安全及时地驶达目的地，船长就一定要相信灯塔的指引。

在这个游戏中，“船长”和“灯塔”之间的信任感，是船只及时将“货物”送达的关键，也是小组成员之间建立信任的关键。

目标

每位组员在一个团队游戏中分别扮演不同的角色。

适宜人群

需要学习与他人合作，学习相信他人，学习请求帮助的人，以及需要学习增加自身可信赖性的人。

规模

至少4人

材料

- 各种障碍物
- 眼罩
- 包装好的糖果

游戏介绍

选择一个组员，给他套上眼罩，让他站在放置各种障碍物（比如石头、球果、椅子、树木等）的房间的一端或是户外区域。在剩余组员中，至少选择3人扮演“灯塔”，要求他们沿着有障碍的路站在不同的位置上。

给蒙着眼罩的人一把糖果（每个灯塔一块）。每个灯塔的职责就是指引货船（蒙着眼罩的人）穿越危险水域（有障碍的路），安全把货物送达下一个灯塔。

第一座灯塔必须用语言指导货船穿越障碍，到达灯塔所在地。如果货船成功到达，这座灯塔就可以得到一块糖果。

货船在行驶过程中，只有它的目标灯塔可以在规定时间内为它指引方向，但是通过的灯塔可以为货船加油。其他灯塔则需要保持安静，直到货船到达其所管辖的区域。

如果货船遇到危险，撞到了障碍物，那么指引灯塔就不能得到糖果。或者灯塔未能成功引导货船，导致货船错过了灯塔，那么下一座灯塔就会接管指引工作。

让小组成员轮流体验不同的角色，如果组员较多，可以同时设计多条障碍路线。

讨论提示

1、你扮演货船的时候，会不会担心自己的安全？为什么？

2、你觉得如果没有糖果做奖赏，其他人会保障你的安全吗？为什么？

3、在你的生活中，有没有一个可以信任的人指引你？这个人是谁，为什么你觉得他可以信任？

4、在你的生活中，有没有一个人在你需要的时候给过你支持？如果有，他是谁，他怎么做的？如果没有，你怎样看待这件事，在你需要支持的时候，你会怎么办？

游戏变动

⊙ 加入移动障碍物，比如人，作为“浮动的原木”在场地里静悄悄地移动，增加灯塔指引货船的难度。

ACTIVITIES THAT BUILD

2

培养孩子的自信心

自 信

众所皆知，记忆中萦绕着美好的经历和快乐时光的人以及那些听过很多夸奖的人，更容易增强自己的自信心，而那些生活中充斥着很多批评话语以及糟糕回忆的人，就容易缺乏自信。

人总是有一种强烈的想要得到他人认可、想要证明自己、想要得到重视的心理需求，因此，人们总是很珍视自己得到的赞赏，这些赞赏能够对人产生很深远的影响。一个孩子曾经告知我他还保存着以前在游戏中获得的东西，即游戏伙伴写的赞美他的便条，这证实了他人给予积极反馈的重要性，比如获得的奖杯、一封来自朋友的信，哪怕只是一个拥抱或一个微笑。

但是，随着我们年龄的增长，有些孩子做了好事后可以为自己鼓掌，露出大大的笑容，然后向他人炫耀自己的成果，通过这种方式，他们能够提高自己的自信心。而有些孩子却不够自信，羞于表达及接受赞赏。

为了让人们有更多给予他人表扬以及得到赞赏的机会，我们设计了这些游戏。这些培养自信的游戏有相同的目标，我们也希望可以产生同样的结果。事实证明：人们需要一遍一遍地听到夸奖和赞美，多多益善。

027 爱心·传递

如果我们能够花时间多观察周围的人，就会发现每个人身上都有很多优点，这是我们从前未能注意到的。如果大家能花时间多表扬别人，也多接受一些赞赏，那么所有参与者的自信心都能够得到提高。这个游戏能给参与者足够的时间多观察其他组员的优秀品质，并把这些想法传达给他人。

目标

交流自己的感受，帮助他人提高自信心。

适宜人群

缺少自信的人，以及需要多了解他人的人。

规模

至少4人

材料

- 每人一个大信封
- 一沓3尺×5尺的便笺纸
- 钢笔或铅笔
- 一段绳子（长度取决于组员的多少）

游戏介绍

这个游戏的时间可长可短。

每位组员在信封上写下自己的名字，在信封角上戳一个洞，把它穿在绳子上。把穿有信封的绳子挂在墙上，或是两把椅子之间，让中间挂着的信封悬在空中。

为每位组员提供一沓便笺纸以及一支笔。告诉每个人，只要他们有时间，就可以在卡片上写一些赞美他人的话语，并把纸片放在被赞美者的信封里。

每位成员能表扬的人越多越好。选择一个时间，让组员读出他们的“爱心传递”便笺，或者什么时候有组员要离开小组，他就可以取走自己的信封，并读出里面赞美组员的内容，作为他送给小组的礼物。

讨论提示

1、在读过信封里的便笺后，你有哪些感受？

2、在给他人写赞美的话时，你有哪些感受？

3、为何能够接受并给予赞美很重要？

游戏变动

⊙ 要求每个人给组里的所有成员都写一张赞美便笺。

028 美好的故事

在每则故事的开头，作者都会详细介绍每个人物形象，最终这个人物形象在你的脑海中就会变得生动清晰。在故事的结尾，每个人物形象都会有很鲜明的性格特征，他们会有自己独特的优点、缺点、能力以及天赋。

目标

通过认可他人的优点以及听取他人的表扬来提高自信心。

适宜人群

有创造力，并能从听取赞赏中获益的人，参与者需要互相熟悉。

规模

至少2人

材料

- 纸
- 钢笔或铅笔

游戏介绍

将参与者分成若干小组，每组1～6人。把各个小组互相隔开，让他们听不到对方的讨论。给每个小组一沓纸和一支笔，让一个小组到另一小组那里，记录下另一组所有组员的姓名。

要求每个小组写一个故事，故事的主人公是另一小组的所有成员，故事要体现出他们的所有优点，作为故事的主线。故事创作完成后，要求每个小组把自己创作的故事读给大家听。

讨论提示

1、你对其他组关于你的性格特征的描述感到惊讶吗？

2、你能想出其他关于你们组员或者其他小组成员的优点吗？

3、你如何用自己的优点来改善生活，做自己心中的“主人公”？

游戏变动

⊙ 让每位组员写一则关于自己的故事，故事中要有其他家庭成员、朋友或者小组成员。

029 美丽的身体

我们的身体由许多部位组成，每一个部位都有自己的特点。有的人双腿强健，可以跑得很快；有的人手指灵巧，能创造出美丽的艺术品，每个人都用自己独特的天赋和特殊的才能为这个世界做出自己的贡献。

目标

让人们发掘自己的特长，并通过语言和其他组员交流。

适宜人群

自我感觉较差的人。

规模

至少1人

材料

- 大卷厚纸或新闻用纸
- 彩色记号笔
- 剪刀

游戏介绍

给每人一张纸，纸张要足够大，可以让参与者躺在上面，其他人帮忙勾勒出他身体的线条。在所有人的轮廓都画完后，要求每个人在自己的身体部位上依次标出它的优点（比如，在胳膊上可以标注“拥抱他人”，在嘴部标注“唱歌好听”，在耳朵上标注“善于倾听”等）。留出时间让组员分享各自的作品。

讨论提示

1、你是否发现了自己具备一些从前没有意识到的优点？

2、你有没有惊讶于自己居然有如此多的优点？

3、对你来说，自我夸奖有难度吗？为什么？

游戏变动

⊙ 在他人的身体轮廓上标注优点。

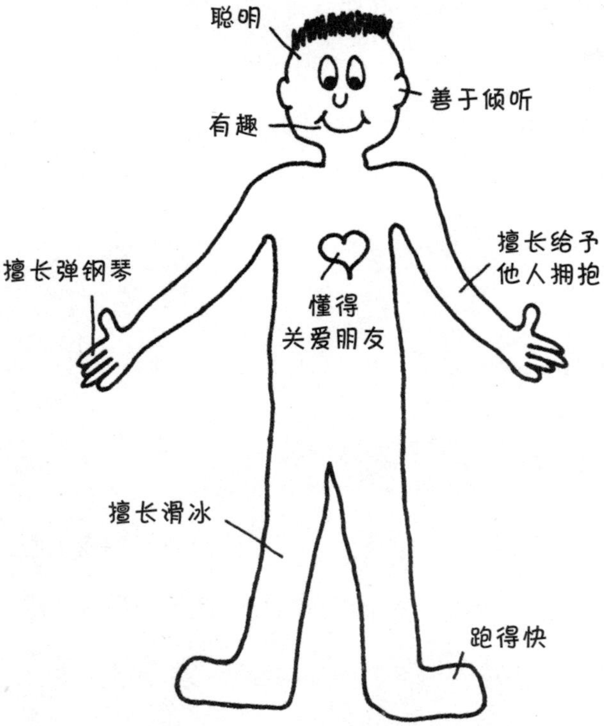

030 设计一个广告牌

广告牌通常都有很大的尺寸，色彩鲜明，非常惹人注目，它们就是为了引人注意，以达到传递信息的目的。有些人就像一块广告牌一样，希望得到他人的关注。有些人则很腼腆，很拘谨，总是默默无闻。在这个游戏中，那些腼腆的人可以通过制作一块大胆的广告牌来获取大家的注意。

目标

让参与者毫无压力地展示自己的优点。

适宜人群

自信心较差，不善于表达自己优点的人。

规模

至少1人

材料

- 每人一张尺寸较大的纸（大卷厚纸或新闻用纸）
- 水彩颜料、画刷
- 胶带

游戏介绍

给每人一张足够大的纸、颜料或记号笔。指导组员制作一幅广告牌，要求尺寸较大，颜色鲜明，创意大胆，其中最重要的是反映创作者优点的文字和图画，每个人必须通过在广告牌上突出自己的优点来宣传自己。

在所有人都完成自己的广告牌后，要求每个人把广告牌上的话读给大家听，如果空间足够大，也可以把它挂在墙上。

讨论提示

1、在思考可以放在广告牌上的优点时，是否感觉有难度？如果有，为什么？

2、在别人看你的广告牌时，你是什么感觉？

3、为何发掘自身优点很重要？为何能够向他人表述自己的优点很重要？

031 特别的风铃

风铃是一种有趣的艺术，去夏令营的孩子们经常会玩这个游戏。把旧主题稍作更改一下，你就能把一个经典的艺术项目转变成一个新的培养自信的游戏。

目标

让参与者发现自己的特长，并和其他组员交流。

适宜人群

自我感觉较差，难以认可自己优势的人。

规模

至少1人

材料

- 木棍
- 纱线
- 制图纸
- 彩色记号笔
- 剪刀

游戏介绍

给每人一些木棍，或者你可以让组员自己出去搜集木棍。摆出所有的材料，要求组员用笔和纸画一些图画或符号来代表他们的特长。在他们完成绘画后，让他们把绳子剪成不同的长度（一两尺长），把这些图画挂在绳子上。

每个人都做出了自己的“特别的风铃”后，要留出时间给组员，让他们分享自己的作品。如果这些组员有固定的会议室，你可以把这些风铃挂在会议室里。

讨论提示

1、知道你自己擅长某一方面后，你有何感想？

2、在告诉别人你的特长时，你有何感想？

3、与他人分享，对你认清自己的特长有何帮助？

4、在你的生活中，哪些情况下你可以说出自己的优点？

游戏变动

⊙ 从杂志上找到能代表你特长的图片，把图片剪下，粘在剪好的纸上，并将其挂在绳子上。

032 让你自豪的事

很多人家里的冰箱门上都挂有很多照片，这是因为主人做了让自己感到自豪的事，他们希望能让客人看到，同时也希望和客人分享自己的自豪，这会让主人觉得自己与众不同。这个游戏的目的就是让大家做一些特别的事，以便给大家带来自豪感。

目标

让参与者投入时间和精力做某事，以此培养自信心。

适宜人群

难于发现生活中积极面的人。

规模

1～10人

材料

- 冰激凌器
- 在家里制作冰激凌需要的食材

游戏介绍

给每组一个冰激凌器、使用说明以及做冰激凌需要的食材，要求小组成员在无人协助的情况下制作冰激凌。

在冰激凌做好后，小组可以一起享受美味，同时一起讨论：努力完成一件让自己自豪的事情有什么样的感受。

讨论提示

1、你觉得你们做成的冰激凌味道如何？

2、投入时间和精力完成一件任务后，你有何感触？

3、在生活中，你会做一些让自己感到自豪的事吗？

4、你是怎样找到帮助你提高自信心的游戏的？

游戏变动

⊙ 任何需要投入时间和精力的项目都适用于这个游戏。

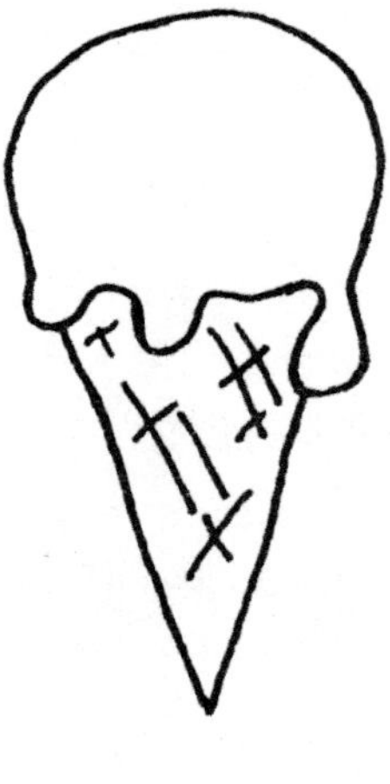

033 寻找夸奖的词语

以“A”字母开头的褒义词有很多，比如有抱负的（ambitious）、运动的（athletic）、艺术的（artistic）、无私的（altruistic）。这个游戏需要你想出从A到Z的描述性词语，如果把游戏设计成竞赛的形式，也会很有趣。这个游戏最棒的部分是：在这个快速思考的游戏中，你能听到很多夸奖自己的褒义词语。

目标

让组员发现他人身上的优点。

适宜人群

从听取夸奖中受益的人，组员间相互比较熟悉的人。

规模

4～20人

材料

- 纸
- 钢笔或铅笔
- 计时器或秒表
- 一个放有字母的信封（写在小纸片上）

游戏介绍

将参与者分成两组，要求每组写下所有本组组员和另一组组员的姓名，然后从信封中选择一个字母，并告知所有组员。给每个小组2分钟的时间，让小组成员共同想出一些以特定字母开头的褒义词语，用来描述他人。比如，如果选中了H字母，组员的姓名是约翰、艾美、克莱格，那么就可以这样写：

约翰——努力工作（Hard worker）

艾美——诚实、谦虚（Honest，Humble）

克莱格——帅气（Handsome）

2分钟时间结束后，把两组成员集合在一起，要求他们读出自己名单上的词语。为了增加游戏的趣味性和竞争性，如果一个组写出了另一个组没有写出的词语，也可以为其加一分。

游戏可以进行多轮，你可以为游戏制订具体的规则（比如，你必须给名单上的每一个人标注至少一个词语），你可以在游戏结束后开始讨论，也可以每进行一轮游戏就开展一次简短的讨论。

讨论提示

1、你对描述你的词语有何感想？

2、有没有哪些描述你的词语让你感到惊讶？如果有，为什么？

3、你选择描述自己的词语时，有没有人对你的用词提出过建议？

4、对你来说，想出褒义词来描述他人是否有难度？描述自己呢？为什么？

游戏变动

⊙ 不要设定时间限制，为最先完成对每个组员描述的小组加分。

⊙ 如果参与者较多，就不要把自己的组员写在名单上，只用词语描述其他组的成员，或者把参与者分成多个小组。

034 真正的才能

如果只要做到最好，就可以获得自信，那么所有人都很容易提高自己的自信心。然而，在当今社会，我们总是喜欢和他人攀比，如果我们在某些方面不如他人，在自己的心里，我们就是失败者。这个游戏让参与者体验胜利、失败以及超越他人的感受，他们会发现：最后的胜利者是那些能做最好的自己的人。

目标

让个体认识到每个人都有不同的才能和天赋，每个人都很独特，赢不了，没关系，只要尽力就好。了解自己所拥有的独特天赋，有助于个人培养自信心。

适宜人群

依靠能否获胜来树立自信心，如果遭受失败或者感觉自己没做好，就看低自己的人。

规模

至少3人

材料

- 泡泡糖
- 各种材料

游戏介绍

给每位组员一块泡泡糖，开展吹泡泡糖比赛。在确定了获胜者后，把他的名字写在黑板上,或者其他人能看到的地方。进行完这个比赛后，就进行下一个才艺竞赛。

比如设计一个画画比赛，最后选出获胜者，每位组员有三次投票权。

还可以给每个人一根跳绳，看谁跳的时间最长。

如果在体育馆里，或者有篮球场地的户外，还可以让每个人投十个球，看谁投中的次数最多。

每一个比赛的获胜者姓名都要写在黑板上。我会让每位组员想出他们擅长的才艺比赛，对有的人来说，可以是“最佳倾听者”比赛，对有的人来说，可以是“最佳大姐姐”比赛、“最优秀的足球运动员”比赛等。要求每个人把自己的名字和自己最擅长的比赛一起写在黑板上，讨论时把重点放在每个人的独特之处上。

讨论提示

在讨论前，问问组员，有没有注意到每个游戏的获胜者都不同，让大家想一想这是为什么，把讨论重点放在每个人的独特性、不同的特长以及这些特长所造就的独一无二上。

1、你会赢得哪种才艺比赛呢？（可以是任何比赛，最佳姐姐、最佳倾听者、最佳歌手、最佳高尔夫球手等。）

2、你是否曾经也把自我价值建立在比别人更强上，或者你是否有过自己不如他人的感觉？

3、为何发现自己的独特之处对你来说很重要？

035 国王的宝座

一个国王在位的时候，人们会送给他礼物，赞美他，并且给他更多的力量。做一天的国王，哪怕只是一小会儿，都会感觉很棒。这个游戏中，每个人都可以做一次国王，坐在王位上听取他人的赞美之词，以此获得自信的力量。

目标

通过听取他人的赞美，增强自信心。

适宜人群

自信心较低，不易接受他人赞美的人。

规模

4～10人

材料

- 纸
- 钢笔或铅笔
- 椅子

游戏介绍

给每人一张纸和一支笔，每个人必须为其他组员分别写一条正面的评价，写完后，选一个人坐在椅子（国王的宝座）上，椅子要放在大家都能看到的地方，大家轮流读出他们给“国王”写的溢美之词。

留出足够的时间，每位组员都轮流坐上宝座，听别人读出对自己的赞美。

讨论提示

1、你坐在宝座上时，有何感受？

2、听到赞美自己的话语时，你有何感受？

3、为何接受他人的赞美很重要？

4、你经常听到的是赞美的话语，还是否定的话语？

5、如果你经常听到的是负面的评价，你怎样让自己处于一个更加积极的环境中？

游戏变动

⊙ 提前告知组员游戏的内容，给他们更多的时间准备赞美之词。

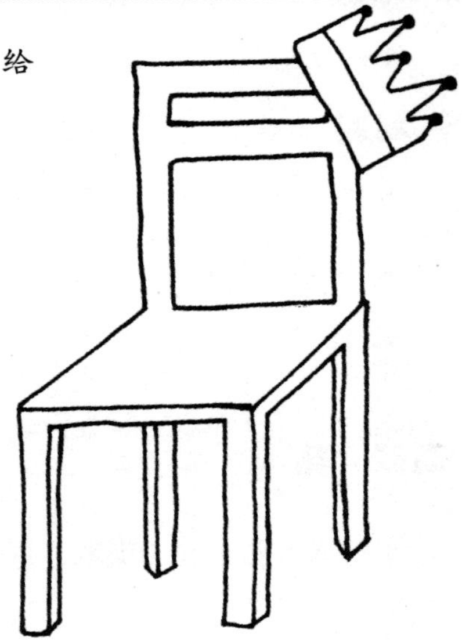

036 讽刺的代价

有的人天生就很有幽默感，并且擅长讽刺幽默，常常让周围的人笑个不停。讽刺幽默用在正确的地方会很有趣，但如果在错误的时间，以不适宜的方式说出来，或者讽刺的对象是他人，这种幽默也可能会很伤人。

这个游戏帮助人们看清负面或讽刺的评论，并认识到这些评论可能会对他人产生伤害。

这个游戏也可以是一个精彩的练习控制愤怒情绪的游戏，帮助那些难以控制愤怒情绪，但在有奖励的时候能保持冷静的人。

目标

让组员了解讽刺和负面评论对他人的影响，意识到他们经常会无意识地做出负面评价，最终伤害或者冒犯他人。

适宜人群

经常讽刺他人或做出负面评价的人，容易被他人话语伤害的人。

规模

3～10人

材料

- 各种棋牌游戏

- 游戏币

游戏介绍

在游戏开始前，根据游戏币的总数，分给每人一定量的游戏币（比如每人5张100美元的游戏币）。告诉大家，游戏的目标就是争取在游戏结束时获取最多的游戏币。

赢钱或输钱的方式有很多，组长可以根据组员运动素质的高低而选择赏钱或罚钱，如通过赢得某一项运动比赛而获得钱币。或者，在比赛中可以因为某一个人说出了负面或者讽刺的话语而罚钱（哪怕翻个白眼都可以罚100美元）。无论什么时候，只要有人说出了讽刺的话，第一个发现并喊出他名字的人可以从犯错者手里拿走100美元作为自己的奖励。记住：一定要由指导者来判定这些话是否该罚。

制订好游戏规则，你们就可以开展各种互动类游戏，比如棋牌游戏。为了增加游戏的趣味性，可以给最后赢钱最多的人颁发一个奖品。

讨论提示

1、游戏中有人说讽刺的话吗，还是每个人都彬彬有礼？为什么？

2、在游戏中，你是否被那么多负面或讽刺的话语震惊了？

3、你知道大家为什么会说出负面或讽刺的话语？

4、这类话语对你有什么影响？

5、这些话会如何影响你的自信心？

037 有趣的涂鸦

涂鸦是一种让人知道你在哪儿或到过哪儿的方式，它可以在某个地方留下你的痕迹。以前的涂鸦经常是“某某某爱某某某”，再画一颗大大的心，或者“某某某到此一游”。现在的涂鸦则演变成了某些人划定领地的范围标记，或者是表达叛逆的一种方式。在这个游戏中，涂鸦则成为帮助参与者培养自信的一种有趣方式。

目标

让参与者毫无压力地表述自己的优点，并给予他人赞美。

适宜人群

难以认可自己和展示自己优点的人，以及可以从听取他人赞美中受益的人。

规模

至少3人

材料

- 一大卷纸
- 剪刀
- 水彩颜料和画刷
- 遮蔽胶带

游戏介绍

给每位组员裁下一大张纸，铺在地板上或是贴在空墙上。给每位组员发一些颜料和画刷，指导组员在自己的纸上涂鸦。首先，每个人要在纸上写下自己的名字，再涂上描述自己的两个褒义词。然后每个人必须在房间里四处走动，在他人的纸上涂上至少一个赞美之词（如果需要，你可以加一条规则，不能“结伴书写”或者画一样的符号）。

所有人完成涂鸦后，给他们留出时间读一下自己纸张上的评论，然后再进行讨论。如果有一面墙能放下所有的涂鸦纸，你可以鼓励大家一起把涂鸦纸挂上去。

讨论提示

1、你对他人的涂鸦感到惊讶吗？

2、读了自己的涂鸦纸后，你有何感想？

3、想出你自己或他人的优点是一件容易的事吗？为什么？

4、在纸上写下评论比直接说出来更容易吗？为什么？

5、小组里是否有人画过涂鸦？为什么？这对你来说是好事吗？

游戏变动

- 可以用记号笔和小尺寸纸张做涂鸦。
- 如果室外有可用的空墙，你们可以在墙上用彩色粉笔涂鸦。
- 让参与者只在自己的纸上涂上关于自己的各种正面评价。

038 街边小店

在电影布景中，为了创造一种城市的感觉，通常都会放置很多街边小店的道具，在这些店铺的橱窗里，有各式各样别具特色的小东西。每个小店都为街景增加了一份独特的韵味，就如同每一个人都可以为小组增添一份与众不同的特质一样。

目标

让参与者发现自身的价值和独特性，并和他人分享这些特质。

适宜人群

难以发现自身优点，自信心较低的人。

规模

至少1人

材料

- 一大卷纸
- 剪刀
- 水彩颜料和画刷
- 粗头彩色记号笔

游戏介绍

给每位组员提供一大张纸、颜料、画刷和彩色记号笔，指导组员制作一个“电影布景”，布景的内容是一条街道，街道上林立着各式各样的街边小店。要求每个人制作一个独特的街边小店，店里要有小物品、海报、招牌、旗帜等，这些物品都要能代表组员各自的独特性（比如，一个喜爱读书的人可以在店里放些书，滑雪教练可以在店里放一副滑雪板，善于倾听的人可以在店里放一台录音机）。对于这个游戏来说，最好提前制作一个样本给参与者一些提示。

在每个人都布置好自己的店面后，把这些“橱窗”挂在墙上，或者放在大家都能看到的地方，让每位组员向小组介绍自己的店铺。

讨论提示

1、从这个游戏中，你增进了哪些对自己的了解？

2、从这个游戏中，你增进了哪些对他人的了解？

3、你通常都把自己最好的一面展示出来，还是把他们藏在“后面的储藏室”？为什么？

4、为何认识到自己的优点很重要？

5、你的“小店”为这座城市带来了哪些不同？

039 个性牌照

旅行的时候，每到一个州就能看到不同的车牌照，这种感觉很有趣。每个州的车牌照都是独具一格的，它代表了自己的地区，并且区别于其他州的车牌照。就像车牌照一样，人也是与众不同的，设计你自己的车牌照也可以让你彰显自己的独特个性。

目标

让参与者发现自身的独特性，并和他人分享这些特质。

适宜人群

难以发现自身独特性的人。

规模

至少1人

材料

- 纸
- 钢笔或铅笔
- 彩色记号笔、蜡笔或颜料
- 备选：彩色装饰、胶水、彩纸、剪刀等

游戏介绍

在游戏开始时，先让组员回想一下当地车牌照的样子，上面有什么标志，为什么要如此设计。比如，华盛顿州的车牌照上有雷尼尔山，因为这是当地一个重要的地理标志，还是一座国家公园。亚利桑那州的牌照上印有一个仙人掌，代表在那发现了一片沙漠。

让小组成员思考一下他们自己的车牌照可以怎样设计，为什么要这样设计。它是什么颜色的，标签是哪年的，上面有什么图案？个性牌照上的字母和数字都代表了什么？要不要设计一个政府的标语？然后，让组员用提供的材料制作一个自己的牌照。

在每个人都完成制作后，留出时间让他们与小组其他人员分享自己的作品，并解读牌照上各个标识的意义。

讨论提示

1、做一个自己的个性牌照对你来说有难度吗？

2、为什么意识到自己的独特性很有难度？

3、为什么发现自己的独特性很重要？

4、你发现了哪些你曾经没发现的其他组员的特征？

040 谁给你的赞美

有的时候，人们很难接受他人的赞美，尤其是在众人面前接受赞美。但如果这些赞美以游戏的方式表达出来，就会容易接受得多，而且还会很有趣。

目标

让参与者给予并接受赞美，提高自己的自信心。

适宜人群

自信心较低，需要听取他人赞美的人，以及需要学习赞美他人的人。

规模

4～15人

材料

- 每人一个信封
- 纸
- 钢笔或铅笔

游戏介绍

给每个人发一个信封、一支笔以及一些小纸片，要求每个人在信封上写好自己的名字，然后把信封传给下一个人。

在接到上一个人传来的信封后，你要在纸上写下你对信封主人的欣赏之处，并写上你的名字，然后把纸放进信封。继续传递信封，直到每个人都给信封的主人写下了评价。

接下来，组员们把信封都交给游戏指导者。指导者抽出一个信封，从中取出一条评价，大声读给信封的主人听，但会省略评价者的姓名。信封的主人要猜测谁写了这个评论，如果他猜对了，就能得一分，最后看谁得的分数最多。从第一个人开始，依次读取每个信封的内容，直到所有的评论都读完。在游戏结束后，每个人都可以收走自己的信封留作纪念，以此提醒自己具备如此多的优点。

讨论提示

1、听完所有的赞美后，你有何感受？

2、你经常能听到他人的赞美吗？这对你有何影响？

3、你会保存这个信封吗？为什么？

4、为什么听取别人的表扬很重要？

5、你认为这些评价都足够真实吗？为什么？

游戏变动

⊙ 在每个人都写完评论并装入信封后，把信封随机分发下去，每个人可以轮流读出手中信封内的一条评论，以此提高大家的参与度。

041 我上电视啦

我们会相信自己的所见所闻吗？电视购物里的人希望我们相信并自愿购买他们的产品，每一个广告都想让我们相信他们销售的产品的确具备这些优点。在这个游戏中，组员就是产品，每位组员的任务就是向所有的观众推销自己。

目标

让参与者认可并推销自己的优点。

适宜人群

需要发现自身优势，并培养推销自我能力的人。

规模

至少4人

材料

- 纸
- 钢笔或铅笔

游戏介绍

给每位组员提供一张纸和一支笔，指导组员每人制作一期电视购物来推销自己的优点。每一个电视购物必须包含至少三条优点，并且必须让观众相信被推销的人的确具备独特的天赋、才能或者突出的人格魅力。给组员一定的时间，用一张纸为自己的电视购物创作一个剧本。每个人必须出演自己的电视购物，在这个过程中，出演者可以利用其他组员扮演一定的角色或道具。你需要给筹备剧本设定时间限制，电视购物的时间则取决于参演者的人数。

讨论提示

1、这个任务对你来说有难度吗？为什么？

2、如果你推销的是你的朋友，这个任务会不会容易一些？为什么？

3、在这个游戏中，你对其他组员增进了多少了解？

4、为何向他人表述你的优点如此有难度？

游戏变动

⊙ 如果你们有摄像机，可以把电视购物过程录制下来，用于小组一起欣赏。

⊙ 如果小组能定期集会，可以把这个作为一次作业，让组员把剧本带到下一个小组中。

⊙ 可以让组员为其他组员制作电视购物节目。

042 打破气球

接受他人的赞美是培养自信的最好方式之一，但仅仅倾听别人的赞美是远远不够的，你必须发自内心地接受这些赞美，并相信它的真实性。

目标

让参与者给予并接受赞美，相信赞美的真实性，并认可自己的优点。

适宜人群

自信心较差、需要接受赞美的人，需要学习赞美他人的人，组员之间应该相互熟识。

规模

至少4人

材料

- 每人一只大气球
- 不褪色的记号笔
- 纸
- 钢笔或铅笔
- 剪刀

游戏介绍

给每个人发一只气球，要求组员把气球吹起来，但不要封口，用不褪色的记号笔在气球上写上自己的名字。写完名字后，把气球里的空气放出。

现在把纸、笔和剪刀分给大家。让组员们围成一个圈，每个人把自己手中的气球传递给下一个人。等所有人手中的气球都不是自己的那一只后，每人裁下一张小纸条，写上自己对气球所有者的赞美，然后把纸放进气球（最好在纸上写下被赞美者的名字，以防待会儿他们弄混了）。继续传递气球，让每个人都有机会给其他组员写下赞美的话。

完成这个环节后，每一个人把手中的气球还给气球所有者。问问组员他们想不想知道自己气球里的纸条都写了什么，让他们想出能够打破气球拿出纸条的最好方法。

然后，所有的游戏参与者都吹起自己的气球，把它系紧。

接下来，你可以让组员把自己的气球戳破，读出里面的评论。

讨论提示

1、读完气球里赞美的话语，你有何感受？

2、你相信这些赞美的话吗？为什么？

3、你觉得给予或接受赞美时，匿名好一些，还是当面说好一些？为什么？

043 找出自己的独特之处

我们总是喜欢拿自己和他人相比，如果我们比不上自己羡慕的那些人，就会觉得自己不够优秀。只有认可自己的独特性和价值，不再去和人比较，我们才能树立良好的自信心和存在感。

目标

帮助参与者认识到自己的独特性，并让他们意识到这有助于他们找到自己的独特之处，以提高自信心。

适宜人群

难以发现自身独特性并需要提高自信心的人。

规模

至少6人

材料

- 纸
- 钢笔或铅笔

游戏介绍

这个游戏的目标是让每位组员寻找自己与其他人的不同之处，首先要求每人拿一张纸和一支笔，写下自己的独特之处。

给小组一个时间限制（具体根据组员人数确定），让他们四处走动，互相交谈。每个人必须尽可能多地写下自己与其他组员不同的特点，最后，写得最多的人就是获胜者。

讨论提示

1、为何发现他人的独特之处如此重要？

2、如果我们大家都毫无差别，生活会变成什么样？

3、你如何利用自己的独特之处培养自己的自信心？

044 花　瓣

花瓣越多，花朵就越大也越鲜艳。每一片花瓣本身就是一种美的创意，当它们聚在一起时，就形成了一朵完整的花。

赞美就如同花瓣一样。一声赞美能起到不错的效果，但是如果能收到很多赞美，就能重新塑造一个人的性格，让他从内到外容光焕发。

目标

通过给予和接受赞美，增强组员的优越感。

适宜人群

自信心较低，可以从听取接受他人的赞美中受益的人，组员之间应该相互熟识。

规模

3～9人最佳

材料

- 彩纸
- 白纸
- 剪刀
- 胶水
- 钢笔或铅笔
- 彩色记号笔、蜡笔或彩色铅笔

游戏介绍

给每人一张白纸，并让他们选几张彩纸做一朵纸花。每个人必须剪出一段花茎，至少两片叶子，把它们粘在白纸上，上方要留出足够的空间放花朵，每个人要在自己的树叶上写下自己最自豪的优点。

下一步，每个人剪出几片花瓣（其他组员每人一瓣，如果小组规模较小，可以每人两瓣）。每个人都要将自己的姓名写在每片花瓣的背面，然后把花瓣分给其他组员。组员要在收到的花瓣上写下正面的评价或者赞美的词语，然后还给花瓣的主人。

主人收回所有的花瓣后，把它们粘在花茎上，这样所有的评价就都一目了然了。

讨论提示

1、赞美自己难一些，还是赞美他人难一些？为什么？

2、从他人那里听到赞美的话时，你有何感触？

3、对你来说，把评价写下来简单点，还是说出来简单点？

4、为何给他人赞美如此重要？

5、这个游戏怎样帮助你以更加积极的心态对待他人？

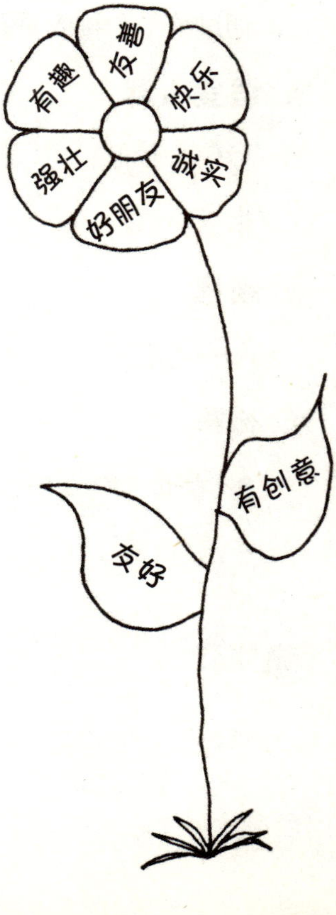

045 十秒钟

你是否曾和一些对生活不满，总是抱怨的人交谈过？可悲的是，这些人非常需要朋友，但是他们消极的话却总是让人敬而远之。让人们以积极的心态看待社会、看待生活，尤其是积极地看待自己，对于树立健康的自信心很有帮助。

目标

让参与者树立自信心，通过表达和听取正面的评价创造一种积极的氛围。

适宜人群

能够从听取正面评价中受益的人，以及需要学习正面评价他人的人。

规模

4～30人

材料

- 能以十秒为单位计时的手表或其他计时设备

游戏介绍

让小组围成一个圈，找一个组员自愿做第一个上台的人，这个人有10秒钟的时间说一些正面的、好听的、赞美的或者振奋人心的话。

说话内容不限，或者你也可以把内容限定为与小组、组员或说话的人有关的话题。

在这个人说完后，下一个人同样有十秒钟的时间说出他的积极话语，依次轮流下去。如果有人说的话不够积极，那么他就会被淘汰。如果有人说的话与前面的人重复，或者说了一些消极的话，他也会被淘汰。制订淘汰规则时，也可以增加一些新的规则，如果有两个人讲了被淘汰者的好话，他就可以重返游戏。此外，你还可以通过增减讲话时间进而改变游戏的难度。

讨论提示

1、对你来说，说一些积极的话语有难度吗？

2、你经常对他人说一些积极的话语，还是消极的话语？为什么？

3、这些积极的话语对小组有何影响？

4、积极的话语对你的日常生活有何影响？

5、你需要听取更多积极的话语，还是需要说出更多积极的话语？

046 三个小游戏

很多游戏获胜的方法就是击中目标。击中目标的次数越多，得到的分数就越多。在这个游戏中，即便没有击中目标，你也一样是一个胜利者。

有时候不是得分最多就能获胜，还可以是听到了队友的鼓励，并因此而感到振奋。

目标

让参与者展示接受赞美的能力，并学会给他人，也给自己赞美。

适宜人群

不经常赞美他人或赞美自己的人。

规模

4～20人

材料

- 飞盘
- 呼啦圈（或其他靶子）
- 足球
- 橘色交通锥、界标或球门
- 两张大纸和两支粗头记号笔

- 秒表或计时器

游戏介绍

让小组进行以下三个游戏（一个接一个地完成）：

1、扔飞盘：把呼啦圈固定在地面上，每人轮流站在起始线处朝呼啦圈扔飞盘。如果飞盘扔进了呼啦圈里，扔飞盘的人就要说一句赞美自己的话；如果没扔进去，这个人就要指定另一个组员，被指定的组员就要对他说一句赞美的话。

2、射门：把球门放置在一个距离适中的点上，既要有挑战性，也不要太难。每个人轮流从起始线处射门，如果射中，那么每位组员都要对射门者说一句赞美的话，如果没射中，那么他必须对下一个射门者说一句赞美的话。

3、接力棒：把参与者分成两组，站成两排。在房间的另一端对应两组的位置上分别放置两张纸和两支粗头记号笔。游戏时间为3分钟，在自己纸张上写下正面词语最多的小组获胜。游戏规则是这样的，队伍里的第一个人跑到纸张前，写下他的特长或者优点，然后放下笔，跑回队伍里，接着，下一个人照做。在规定时间内，小组要不断循环，次数越多越好。最后把两组集合起来，看两个小组分别列出了多少条内容，以此决定胜负。

讨论提示

1、今天有人觉得不开心吗？如果有，为什么？

2、你听到别人夸奖自己的时候，有何感受？

3、你夸奖别人的时候，有何感受？

4、在游戏中给予或接受赞美是否比现实生活中更容易？为什么？

ACTIVITIES THAT BUILD

3

培养孩子的沟通力

沟通技巧

电子邮件、对讲机、电话都是当代人彼此沟通交流的方式，有了这些沟通渠道，人们就能够和同事维持良好的工作关系，保持顺畅的交流或发展更深层的友谊。不过，如果能够面对面交流想法和感受，两个人就能产生更深入的交流，关系也会更加亲密，这样有助于建立深厚的友谊。

面对面交流，大家可以一起开心地分享自己的消息、故事以及过去的回忆。互相敞开心扉的时候，就是建立深厚友谊的时候。和他人分享自己最真实的感受往往很难，但这却是建立友谊的最好方式。

交流不只是让人分享自己的感受，它还包括提高自己的倾听和语言技能。为了更好地生活，人们需要清晰地表达自己的想法，准确地理解他人的话。对于孩童来说，能听懂指令，并遵循指令非常重要。在教授交流技巧时，我们可以把游戏作为一种有效的工具。

游戏能帮助你敞开心扉，畅所欲言，和他人交流自己的感受，练习语言和倾听技巧，进而提高社交技能。不仅如此，玩游戏还乐趣多多哦！

047 故事接龙

听别人说话和听懂别人说的话完全是两码事。有的人很难集中注意力听别人说话，有些人听到了声音，却记不住内容，在学习或工作中，这种情况很容易给人们带来麻烦。这个游戏可以锻炼人的倾听技巧和记忆力。

目标

让参与者展示良好的倾听技巧，以及良好的记忆力。

适宜人群

很难集中注意力倾听他人讲话的人。

规模

至少1人

材料

- 一本短篇小说集
- 各种游戏材料

游戏介绍

选一个短篇小说集中的故事读给组员听，在你读书的时候，告诉组员要认真听故事，此外不要再做其他提示。读完故事后，把书放在一旁，告诉组员现在要开始玩一个游戏。

你可以选择任何一种游戏，体育游戏或是棋牌游戏都可以，不过只玩5～10分钟。接下来，再读一遍之前讲的那个故事。但是这一次，在每一页的末尾都停顿一下，如果有组员能记得接下来的内容，就可以举手示意。

这个游戏能够很好地测试参与者的倾听技巧，并了解有多少参与者能够认真倾听他人的讲话。

讨论提示

1、记住故事的情节对你来说有难度吗？

2、“听某人说话”是什么意思？

3、“听懂某人说话”是什么意思？

4、你有哪些方法帮助自己记住别人说的话吗？

5、为何听懂他人说话如此重要？

6、你怎样看出来别人是不是在认真听你说话？

游戏变动

⊙ 如果参与者是成人，那么选择一首诗代替短篇故事。

048 周围的声音

无论何时何地，人的耳朵总是能听到周围的各种声音。有的人会仔细倾听需要他们关注的声音（比如老师的讲课声），但有的人就很容易被那些不重要的声音干扰，从而错失别人传达的信息。

目标

让参与者了解他们听懂的声音和听到的声音的重要区别，学会如何排除干扰，专注于需要倾听的声音，并理解认真倾听的重要性。

适宜人群

容易被其他声音分散注意力，很难专注地倾听的人。

规模

至少1人

材料

- 纸
- 钢笔或铅笔

游戏介绍

游戏指导者准备一张纸和一支笔，可以记录下所有组员能听到的声音。如果可以，先从室内开始，让组员认真辨别他们听到的声音，指导者负责把组员提到的声音记录下来。然后转移到室外，在散步的时候继续记录。在游戏进行10～20分钟后，你就会有一个很长的列表了。

最后把小组组员集合在一起讨论：在周围有如此多干扰声音的情况下，我们如何把注意力集中在一种声音上。

讨论提示

1、你对听到如此多不同的声音感到惊讶吗？

2、你今天有听到一些平时没有注意到的声音吗？

3、听某人说话和听懂某人说话有什么区别？

4、在周围有如此多的干扰音的情况下，你怎样才能集中注意力只听一种声音？

5、你觉得你是一个好的倾听者吗？为什么？

6、你怎样避免自己被周围的各种杂音所干扰？

049 神秘的物品

每当你走过两个正在交谈的人身边，你通常都会好奇他们在谈论什么话题。或许你可以打断他们的谈话，直接问："你们在聊什么？"但这么做既不合适，也不礼貌。我们还有一种方法，就是静静地听他们谈话的内容，了解他们谈论的话题，然后再加入谈话。

目标

让参与者在听一段对话的过程中掌握良好的倾听技巧。

适宜人群

需要提高认真倾听的能力和信息理解能力的人。

规模

至少4人

材料

- 无

游戏介绍

选两个人在房间内藏起一样物品，然后两人进行对话，谈话内容围绕这个物品展开，但不能指明物品是什么，其他小组成员来猜测这是什么物品。

小组成员成功猜中物品名称后，选择另外两个人藏起一个物品，并开展新一轮对话。

讨论提示

1、为了准确猜到是什么物品，你需要怎样做?

2、你能通过他人的肢体语言探知别人正在说的话吗?

3、在哪些情况下，我们需要倾听他人?

4、为何在他人谈话时，你应该认真倾听?

游戏变动

⊙ 谈话内容可以是任何事物，不只局限于房间内的物品。

⊙ 可以在纸条上写下一些物品名称，让选中的两人抽出一张纸条，讨论上面写的物品，然后让其他组员猜出物品的名称。

050 疯狂的句子

在解决一个艰难的问题或执行一项复杂的指令时，倾听细节是非常重要的，因为有时这些细节包含了大量重要的信息。

认真听一个人说话，并听清楚每一个词语并不是一件容易的事。有时候我们还要用眼睛去“倾听”，观察说话者的肢体语言、面部表情和眼神，以此获取我们需要的信息。你搜集到的细节越多，听到的内容就越多，也就更容易理解谈话的内容。

目标

让参与者利用良好的倾听技巧赢得游戏。

适宜人群

需要提高认真倾听的能力和信息理解能力的人。

规模

至少4人

材料

- 纸
- 钢笔或铅笔
- 两把椅子

游戏介绍

在游戏开始前，编写十几个句子，句式完整，语法正确，但是内容奇特，用词随机，然后把编好的句子写在一张张小纸条上。举几个例子：

"我的舞伴身上有大片的纹身。"

"大鸟是我的偶像。"

"蓝色的奶牛遍布月球。"

"早餐吃蜘蛛和毛毛虫有益健康。"

"圣诞节那天天花板上挂满了皮筋。"

发挥你的创造力，编造出更多这样的句子。游戏开始前，在房间前面摆两把椅子。

开始游戏时，选出两个组员，让他们坐在椅子上。给每人一张写有疯狂句子的纸条，两个玩家各自读懂自己纸条上的句子，然后开始对话。玩家在谈话过程中要陈述自己看到的句子，这个游戏的目的就是在让对方猜不出句子内容的条件下，把句子插到对话中。你可以给他们一个话题，比如钓鱼、乡村音乐、保龄球、买鞋，或者其他与句子无关的话题，然后让组员们开始谈话，将他们的时间限制在1～2分钟。在时限到了后，让观众猜测这个古怪的句子是什么，猜对的人可以参加下一轮的游戏。

讨论提示

1、你要怎样做才能猜出这个疯狂的句子？

2、在什么情况下，你会使用你的倾听技巧？为什么？

3、在什么情况下，运用你的倾听技巧很重要？

游戏变动

⊙ 每个玩家可以讲一个故事，取代两人的交谈。

⊙ 这个游戏可以三个人同时进行谈话。

⊙ 可以团队进行游戏，每个团队为其他团队编造句子，让他们利用这些句子讲故事。

051 数衣服夹

打断别人讲话是很不礼貌的，而且这不是一个好习惯。但很多孩子都有这个不好的习惯，因此必须及时改正，否则他们长大后还会保持这个坏习惯。在这个游戏中，参与者需要格外努力地保持良好的沟通技巧，有些孩子尤其需要注意不能打断他人讲话。

目标

让参与者了解不同的谈话技巧，以及这些技巧对我们说话和倾听方式所产生的影响。

适宜人群

经常打断他人讲话，在不适宜时间或以不适当方式插话的人。

规模

至少3人

材料

- 一袋衣服夹
- 各种游戏材料

游戏介绍

选一个小组可以一起玩的游戏（最好是能坐下来玩的棋牌游戏或

者猜谜游戏）。在讲解游戏规则之前，给每人发两枚衣服夹，夹在衣服上。告诉组员，游戏中每个人的任务就是保住自己衣服上的衣服夹。任何人发现他人交流方式不恰当，都可以抢走他的衣服夹，比如打断他人谈话，插话，说话不礼貌或不合时宜，没有认真倾听（把注意力都用在怎样抢别人的衣服夹上），等等。根据组员的能力水平，可以适当增加规则，一定要由指导者评定某组员是否该罚。

解释完衣服夹规则后，你还可以讲解一些你选择的游戏的规则，然后开始游戏，衣服夹规则可以继续适用于讨论环节。作为附加奖励，你可以为得到衣服夹最多的组员提供一些奖品。

讨论提示

1、你因为什么失去了你的衣服夹，或者保住了你的衣服夹？

2、为什么有些人总是打断别人讲话？

3、有人打断你讲话时，你是什么感受？

4、为什么不能打断别人讲话？

5、你要怎样才能避免打断他人讲话或插话？

6、你怎样向别人表示你正在认真听他讲话？

052 胆量游戏

胆量游戏是一种没有奖赏的挑战游戏。大家愿意参与胆量游戏的唯一原因就是想向挑衅的人证明自己，或是想获得一种满足感。胆量游戏通常会提出一些你认为超出自己能力范围的要求（或者有的时候，超出你愿意出丑的限度）。在这个游戏中，这是你给自己的一种挑战，你挑战的越多，学到的就越多。

目标

让参与者留心听一些简单的指令，并服从这些指令，或者给他人发出清晰易懂的指令。

适宜人群

难以服从指令的人。

规模

至少2人

材料

- 无

游戏介绍

选出一个挑战者，向其他组员进行“挑衅”，让其他组员给自己一系列指令。比如，如果艾美被选中为挑战者，她就可以对艾瑞克说："艾瑞克，我敢让你给我三个指令。"然后，艾瑞克就可以说："你敢不敢执行以下指令：第一，转一圈；第二，和别人击个掌；第三，做一个俯卧撑。"艾美需要留心听这些指令，记住它们，并准确地执行这些指令。每轮游戏结束后，选一个新的挑战者，"挑衅"别人给他发布指令。

给出色的倾听者和表达者加分。如果某人给出的指令明确，加一分；如果挑战者能够完成给他的所有指令，加两分；如果非挑战者也能完成指令，加一分（他们可以和挑战者一起完成）。最后，给完成指令数量最多的人加两分，分数最多者为最后胜利者。

讨论提示

1、对你来说服从指令容易吗？为什么？

2、你曾经在服从指令时碰到过困难吗？为什么？

3、如果你不服从指令，会有哪些后果？

4、如果对你来说服从指令很难，你怎样让它变得容易一些？

053 跟我一起来

有时候，你给游戏或其他游戏制订规则时，总是认为你制订的规则条理清晰，直到看到他人执行这些规则时，你才发现：你给出的指令并不清楚，或是参与者没有认真倾听和理解你的游戏规则。在这个简单有趣的游戏中，每个人都有机会测一测自己制订规则的技巧，并展示自己完成他人指令的能力。

目标

让参与者能够清楚地表达指令，并展示自己听取和服从指令的能力。

适宜人群

需要练习听从指令及表达能力的人。

规模

4~6人

材料

- 任何可以用于制造障碍的道具（比如皮球、路障、跳绳、呼啦圈、滑板车等）

游戏介绍

这个游戏需要一个宽敞的房间，可以在体育馆举行，场地要分成四个区域（可以把胶带贴在地板上）。把参与者分成四组（允许独立成组），每个小组占有一块区域，并平均分配道具。

指导每个小组用手中的道具在自己的区域中设置障碍。所有小组完成任务后，要互相参观，由本区域的小组向其他小组讲解，并告诉其他组的组员如何做才能避开这些障碍。每个人都要尝试着条理清晰地讲解自己设置的路障，其他人则需要认真倾听。在参观完成后，让每个人都穿过这些场地，一次一个区域，依次走完所有区域内的障碍。可以一个人或多个人一起走，每个人从不同的区域开始，但必须同时出发，用时最短者为最后的胜利者。

讨论提示

1、为他人清楚地解说规则有难度吗？为什么？

2、听从他人讲解规则，对你来说有难度吗？

3、准确听从指令，对你来说有难度吗？你认为是哪些原因导致了这样的结果？

4、为何能够服从指令如此重要？

054 奇异的漫画

创造一个好的构思不仅需要时间，而且需要很多思考。如果一个团队共同思考，那么整个任务就会变得容易很多。但如果队员不交流彼此的想法，不能一起做出决定，就会引发很多问题。这个游戏的任务很简单，小组成员想要共同完成最初的构思，就必须进行很好的沟通与交流。

目标

让小组成员彼此交流想法，共同商讨，最后做出决定。

适宜人群

需要练习和他人交流想法，并在做集体决定时适当妥协的人。

规模

至少3人

材料

- 纸
- 钢笔或铅笔
- 彩色记号笔、蜡笔或彩色铅笔

游戏介绍

将参与者分成若干小组，每组3~6人。给每个组员一张纸和一支笔，指导组员共同创作一套自己构思的连环画，每一个组员必须画出连环画中的一幅（如果小组有4人，那么连环画就要有4幅）。小组需要一起决定连环画的内容、故事情节以及每人的分工（这个过程需要组员进行很多的交流）!

在讨论结束并达成一致意见后，每个人就开始完成自己分配到的画作。大家要一起开始，而且不能和其他组员交换。如果想要增加难度，在画画的时候，不要让组员互相参考彼此的画作。

完成连环画后，留出时间让组员们分享彼此的作品，并展示自己的画作。

讨论提示

1、这个游戏需要哪些不同的交流技巧?

2、在这个游戏中，沟通交流发挥了怎样的作用?

3、对你来说，游戏中最难的部分是什么?

4、你们的连环画流畅吗？为什么?

5、在小组合作时，你希望大家按你的方式来，还是允许他人表达自己的想法?

6、为何和他人共同做出决定很重要?

7、在和他人一起做决定时，你需要使用哪些方法?

8、在你的生活中，哪些情况下，你需要和他人进行良好的沟通？

游戏变动

⊙ 给参与者提供一些关于人物或情节的构思。

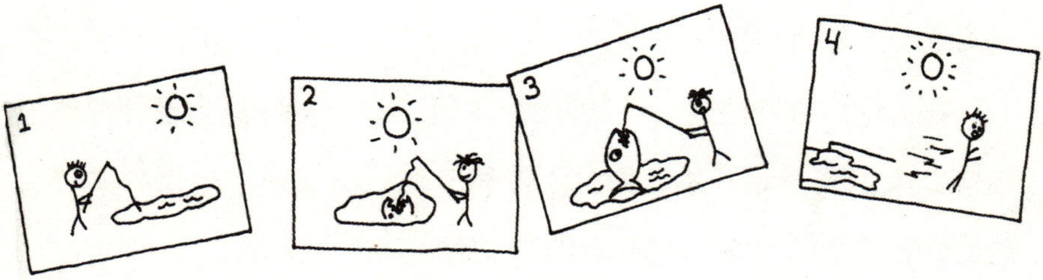

055 盲人建筑

有时明确给出指示不是一件容易的事，当然如果使用手势和肢体语言也许会让它变得容易很多。但是，在这个简单有趣的游戏中，我们剥夺了参与者的非语言交流方式（手势、肢体语言等），只允许参与者使用语言交流，会让给出指示变得很困难，这在一定程度上增加了游戏的挑战性。

目标

让小组成员了解在给出或接收指示时沟通技巧的重要性。

适宜人群

需要练习清晰明确地表达自己的想法的人，以及需要提高执行指示能力的人。

规模

至少2人（偶数最佳）

材料

- 建筑类玩具，比如木块、万能工匠、积木、冰棍杆儿等
- 床单
- 绳子
- 两把椅子

游戏介绍

在房间的两端放置两把椅子，中间系着一条绳子，绳子上垂下一张床单当作一面墙。将参与者两两分对，分别隔着“墙壁”坐在地板的两端。

给每个人一些同样的建筑材料，要求一边的人用所给材料建造一个小的建筑或者其他物品。做完后，让他们对自己的搭档口头讲解自己是如何精确地建造这个建筑的，他的搭档会根据原创者的指示建造一个复制品。

所有人都做好后，移走床单，让他们对比原来的建筑和复制品。这个游戏通过转换原创者和倾听者的角色，让每个人都能体验到游戏中的不同角色。

讨论提示

1、对你来说，给出指示更难还是接收指示更难？为什么？

2、通常情况下，你会服从别人给你的指示吗？为什么？

3、你觉得在你告诉他人你想要他们完成的事情时，他们在认真听你说话吗？

4、为何能够听懂并服从他人的指示很重要？

5、在日常生活中，你如何体现自己良好的倾听技巧？

056 鸭子飞

用心倾听他人的指令并做出反应，对于提高服从指令的能力和良好倾听的技巧来说非常重要。这个游戏把这些技巧以一种有趣的方式融入到了比赛中，帮助孩子们提高他们的倾听技巧。

目标

让参与者认真倾听，并听懂指令。

适宜人群

很难集中注意力听他人说话的人。

规模

至少3人

材料

- 无

游戏介绍

选一个人做“它”，让他站在小组前面。这个人会喊出“鸭子飞！海鸥飞！瓢虫飞！奶牛飞”之类的话，只要“它”说出的是一种会飞的动物名称，那么所有人都要摆动手臂做飞行状；只要“它”说出的是一种不会飞的动物，那所有人必须马上停止“飞翔”，把手臂垂落在身体两侧。在提到不会飞的动物时，任何还在“飞”的人都要被淘汰。直到只剩下一个人，游戏才算告一段落，下一轮的游戏就由剩下的这个人来扮演“它”。

“它”可以说出他能想到的任何动物，不只局限于列表中的动物，或者也可以说动物跳、爬、吼等。

讨论提示

1、要是想成为“它”，你要怎么做？

2、为何你必须认真听指令？在什么情况下，你要注意听？

3、对你来说，认真听他人讲话有难度吗？为什么？

4、你如何让自己听从指示？

游戏变动

⊙ 没有听清指令的结果不是被淘汰，而是变成“它”，没听清指令的参与者在游戏结束后必须在全体组员面前模仿动物的叫声或动作。

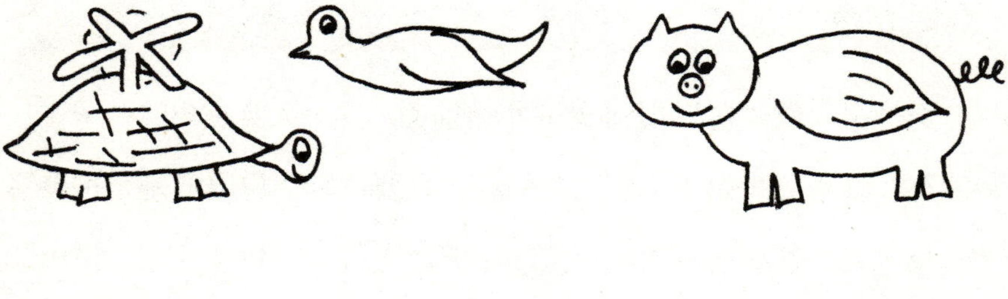

057 口述折纸

如果你能演示给大家看，给出指示就会变成很容易的事情。但是如果只能口头表述，那么对于参与者来说，给出或者服从指示都会变得很有难度，大家很容易就晕头转向了。在没有肢体演示的情况下，出色的语言表达能力和倾听技巧就会变得至关重要。在这个极富挑战性的游戏中，你可以体会到这些技巧的重要性。

目标

让参与者认真听从指示，并服从指示，同时学会给他人下达明确的指示。

适宜人群

需要学习清楚地给出指示，并接收和理解他人指示的人。

规模

至少2人

材料

- 纸（备选：折纸）
- 简单的折纸书籍（如《日本折纸艺术》）或折纸飞机的步骤说明

游戏介绍

给每个组员发一张纸。选一个人站在房间的最前面，给其他人讲解如何把纸折成物品、动物或纸飞机的形状。讲解规则的人需要从相关书籍或其他书面规则中获取信息，只能进行口头讲述，不能使用肢体示范。

讲解的人不能明确告诉其他人要折的物品是什么，只能进行口头描述。

这个游戏比较难，因为很多书中的规则都配有插画。经过一些变动，这个游戏可以适用于多种不同智力水平的群体。

一定要让参与者轮流讲解规则，给每个人体验不同角色的机会（可以分成若干小组）。

讨论提示

1、对你来说，给出或接收指示，哪个更容易？为什么？

2、在这个游戏中，有人感到沮丧吗？为什么？

3、你有时是否对他人正向你讲述的东西感到难以理解？你怎样帮助他们准确无误地进行表达？

4、你觉得别人大多数情况下能听懂你想要表达的意思吗？

5、你被人误解过吗？你认为发生这种情况的原因是什么？

6、为何能够准确地传达信息很重要？

游戏变动

⊙ 把一个人叫出房间，向他演示如何折纸。要求这个人必须认真地观察，然后回到房间，向组员讲解如何折纸。

⊙ 参与者可以或者不可以向讲解的人提出问题。

058 大家来找茬

有时候和别人聊天，你可能会发现这个人完全没有在听你说话。你之所以会发现这一点，是因为这个人总是看东看西，根本没有把注意力放在你身上。

有些人很难集中注意力听他人讲话，或听从别人的指示，这些人的注意力很容易被分散，这一点从他们游离的眼神中就可以看出来。刻意观察让人分心的事，练习眼神交流，可以有效地提高人们的倾听技巧。

目标

让参与者在倾听他人说话时，锻炼眼神交流能力和观察力。

适宜人群

需要学习倾听时注重眼神交流的人，以及需要学习观察说话者肢体语言的人。

规模

至少3人

材料

- 无

游戏介绍

让组员围成一个圈，选一个自愿上前的人站在中间。每个人都要仔细观察这个人，记住他的穿着打扮。然后这个人离开房间，改变一些细节（比如卷起衣服袖子、摘掉耳环、把表换到另一只手腕上等）。回到房间后，让其他组员观察他有何不同，猜中的人可以成为下一个被观察者。

注重观察这个人身上的不同点。有时候参与者会被房间中的其他事物所吸引，如果没有仔细观察，游戏的难度会更大，就如同你在听别人讲话，却被其他事物吸引，这时你是很难集中注意力的。

讨论提示

1、如果你想要找出不同，你需要怎样做？

2、这和听他人讲话有相似性吗？

3、如果你在和某人讲话，但是他并没有看着你，你是什么感受？

4、你听别人说话时，会进行眼神交流吗？为何眼神交流如此重要？

5、观察他人，能帮助你更好地听他人讲话吗？如果能，为什么？

059 指　路

如果你问路时，别人给你的指示只有简单的两三个步骤，那么你很容易就能找到目的地。但如果指示复杂一些，内容多一些，你反而极有可能走丢。在这个游戏中，你要认真聆听指示内容，即使内容很难，也要认真执行，尽量别出错。

目标

让参与者认真听指示，表现出能够完成指示的能力。

适宜人群

需要练习完成简单指令和复杂指令的人。

规模

至少4人

材料

- 小纸条
- 钢笔或铅笔

游戏介绍

将参与者分成两组，组员可以使用下面的指示（也可以自己编写），将每条指示分别写在一张小纸条上。把纸条对折，遮盖住指示内容，让第一组的一个组员到前面来。这个组员打开指示，把指示内容读给第二小组的组员听，只读一遍。第二小组需要等别人读完指示，然后按照指示的内容完成任务。

如果每个组员都成功地完成了指示内容，小组就能得一分，如果有人没能完全做到，小组此轮则不得分。

不断重复这个过程，直到所有的指示都用完。然后各个小组必须分别集合起来，重新制订一份新的指示表，读给另一个小组听。每条指示内容不能超过三个步骤（如果组员智力水平高一些，可以提高上限），而且要保证是另一小组能够安全完成的内容。

指示

1、每个人都要和自己组的组员“击一次掌”，然后小组所有成员必须围成一个圆圈。

2、先由三个组员唱字母歌，然后所有组员聚在一起，喊一声“下课”。

3、你的组员要从低到高排队，然后保持队形，大家一起上下跳四次。

4、你的一个组员要做五个仰卧起坐，其余组员站在他周围，围成一圈，喊加油。

讨论提示

1、对你来说，完成这些指示有难度吗？

2、你的队友在你完成指示的过程中，帮助了你还是妨碍了你？为什么？

3、对你来说，什么情况下，认真听从并完成他人的指示很重要？

4、在别人讲话或给出指示的时候，你怎样向他表示你正在认真听他讲话？

游戏变动

⊙ 给每一条指示加一个步骤，开始时指示内容有两个步骤，随后增加为三个步骤，然后四个步骤、五个步骤等。让小组之间比一比，看谁能完成的步骤最多。

060 心里话

很多人心里都藏着一些秘密——他们曾经受到过的伤害、感受到的愤怒、遭遇过的背叛或是感觉到的迷茫等，他们需要与别人说说这些心里话，这样内在的创伤才能逐渐愈合。通常人们都把这些话藏在心里，不愿意说出来，因为和别人分享秘密是一件很冒险的事，而且有些话也很难说出口。

目标

鼓励组员互相交流，帮助参与者勇敢说出心中的秘密，并讲出自己的感受。

适宜人群

需要练习与他人进行适当的交流互动的人，以及需要他人的鼓励，通过与人交流而敞开心扉的人。

规模

至少3人

材料

- 无

游戏介绍

选一名组员离开房间，或者远离小组，听不到小组讨论即可，剩下的组员选择一个“秘密”词语（可以是任何词语）。在这名组员回来后，其他组员都要设法让远离小组的人讲出这个“秘密”词语。

组员可以通过问问题，交流，或者其他方法，让这个人猜出这个“秘密”词语。被选中的组员不知道这个词语是什么，但他要避免中了圈套，还要尽可能地多说话，以得到更多有助于他猜出“秘密”词语的信息。

只要这个词语被讲了出来，就可以选择一个新的组员离开房间，开始新一轮的游戏。

讨论提示

1、你喜欢和别人聊天吗？

2、你最喜欢和谁聊天，为什么？

3、你是否希望在生活中有很多可以和你聊得来的人？

4、你是否希望你和他人交流能更容易一些？

5、有人试图让你说出你的心里话吗？他是谁？为什么？

6、这个游戏能否促使你和他人聊聊自己的心里话？

7、你会对谁说出你的秘密，为什么？

8、为什么你不和他人分享自己的秘密？

061 1—2—3破

在进行篮球比赛的过程中，经常会出现很多假动作。这些假动作都是事先设计好的，有时喊一个代号，或做一个手势，所有队友就知道要做哪一个假动作，然后大家合力把它完成。做假动作需要队友间的交流配合，在比赛中使用假动作时，队友间要互相注意彼此的动向，认真听从他人的指示。

目标

让组员互相交流，设计指示，互相练习，争取每个人都能完成游戏任务。

适宜人群

在做集体决定时，需要练习沟通技能的人，以及需要练习听从指示的人。

规模

10人最佳，但人少点也无妨

材料

- 篮球场地
- 2个篮球

游戏介绍

按常规篮球比赛的规则将参与者分成两组进行比赛。在比赛开始前，给每个团队一个篮球，半个场地，以及十分钟的时间。指导两个团队用十分钟的时间设计三个假动作用于比赛，然后和队友一起练习这些假动作。要求每个假动作都要以一个词或手势开场，还要让所有的队友都了解自己的职责，并参与其中。这些假动作可以很傻，也可以很疯狂，只要队友自己愿意这样做。

十分钟后，把两个团队集合起来，在规定时间内打一场篮球比赛，规则为：每个团队在比赛期间，每个假动作至少要用一次。注意运用你的倾听技巧，观察周围的人，并完成团队的指示。

为了增加一些趣味性，你可以暂停比赛，给每个团队三分钟时间，凑在一起给自己的团队想一个口号。在重新开始比赛之前，让每个团队都喊出他们的口号。

讨论提示

1、你们组设计假动作的时候，是如何进行沟通的？

2、对你来说，在游戏中注意听他人讲话有多重要？

3、记不住那么多的信息和没有仔细听这些信息，这两者有哪些区别？今天有类似的事情发生吗？

游戏变动

⊙ 对于智力水平较低的队友，可以给他们一些假动作，让他们学习照做，或者只让他们做一两个假动作。

⊙ 这个游戏也适用于足球比赛。

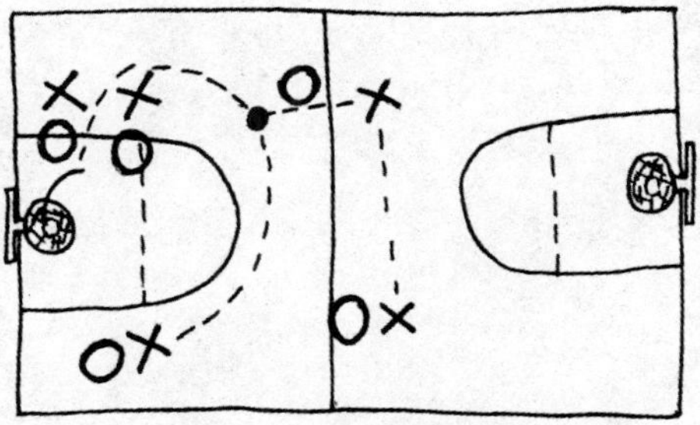

ACTIVITIES THAT BUILD

4

培养孩子的发现力

自我发现

我们每个人都有自己的故事，这些故事可能是我们经历过的事、我们的记忆、学到的知识或人际关系。如果我们必须记录下发生在我们身上的故事，对有些人来说，可能会比较容易，对有些人来说，可能会比较困难。有些故事饱含了痛苦、沮丧和悲伤，而有些故事却充满了幸福、满足或刺激。不论是哪一种故事，都有很多值得我们学习的东西，都能帮助我们成长，让我们成为拥有极大潜能的人。

在记录自己故事的过程中，最难的一点就是我们难以了解他人的看法。不可否认，了解他人对我们的看法，对帮助我们发现自我有很重要的作用，它能帮助我们巩固自身优点，并改进自己的弱点。

自信心较差的人总是认为别人对他的评价不高，这种心态很难改变，除非他们能听到他人的正面评价。赞美自信心较强的人的长处是，他会把长处发挥到更好，进而发掘出最大的潜质。

想要改变人生方向的人们其实可以从别人的身上学到很多，或者可以回头审视自己的人生。想要做出积极的改变，最艰难的一步，也是最大的一步就是判断出你需要做出哪些改变，即你需要改变现在的哪些做法，才能变得更优秀？吸收建设性的批评虽然有点困难，但这对想要改变人生方向的你来说将是最有益的。

听取和给出建设性批评虽然很重要，但是自我批评也很重要。我们首先要接受自我，这样才能不断地学习和成长，并在谱写自己生命故事的过程中改变故事的轨迹。

062 表达情绪

情绪包含很多种感受，每个人表达情绪的方式都不一而同。有些人比较夸张，很容易就能让你感受到他的情绪，而有些人则比较内敛，很难让人们猜测到他们的情绪。对于夸张的人来说，这个游戏会比较容易，但对于内敛的人来说，这可能需要他们做出一些努力，跳出自己的舒适区，才能让自己不断地学习和成长。

目标

让参与者表演出各种情绪，并分辨出他人表达出来的情感。

适宜人群

难以表达自己情绪的人，以及难以分辨他人情感进而做出恰当反馈的人。

规模

至少4人

材料

- 钢笔或铅笔
- 纸

游戏介绍

将参与者分成若干小组，每组2～6人。给每个小组一张写有几种情绪的列表（每人至少一种），以及一张标有地点的纸。比如，一个小组的列表上可以写：开心、沮丧、嫉妒、害怕等，地点为保龄球场。

给每个小组留出至少五分钟时间看自己的列表，并创作一场情景剧。每场情景剧必须包含列表中的所有情绪，组员必须表演出这些情绪，并且情景剧的场景必须是给定的地点。同时，每个组员必须参加本组的演出。在最后五分钟里，把各个小组聚集在一起，让小组依次表演自己的情景剧。在每个情景剧结束后，让观众猜一猜剧中都表演了哪些情绪。

讨论提示

1、对你来说，表达你的情绪有难度吗？为什么？

2、在这个游戏中，是否有人希望其他组员表达得不要那么夸张或内敛？为什么？

3、为什么让他人了解你的感受很重要？

4、在一些特定的情况下，你是否需要隐藏自己的情绪？为什么？

5、如果别人不能通过你的肢体语言理解你的情绪，你要怎样做才能让他们理解呢？

063 印脚印

你的脚总是走在身体的前面。在生活中，我们需要通过制订目标以及努力实现目标，争取每次都能先行一步。在现实中，我们需要一步一个脚印地实现目标，这个游戏的目的就是将制订目标与一步一个脚印地实现目标结合在一起，以帮助孩子们成功抵达目的地。

目标

让参与者制订目标，并承诺完成这些目标。

适宜人群

需要改变自己生活，提升自己，且在此过程中需要为自己制订积极现实的目标的人。

规模

至少1人

材料

- 熟石膏
- 锅灰
- 纸板

- 水洗颜料和纸

游戏介绍

用熟石膏、锅灰或水洗颜料以及纸给每个组员做一个脚印，每个人在自己的脚印旁写上至少一条人生目标，目标应主要关注“你的生活目标是什么”。

探讨你的脚步将如何指引你达到目的地，并把它与你的人生目标紧密联系起来。

讨论提示

1、这些目标对你来说现实吗？

2、为何给自己制订目标很重要？

3、你有其他愿意为之奋斗的目标吗？

4、你现在要怎样做才能实现你的目标？

游戏变动

⊙ 可以用印泥来做脚印，如果能拓下两个脚印更好（你可以在雕刻店或印章店找到关于这种技术的信息）。

064 记忆游戏

广播里的一首歌、一个名字、一种声音，都能让我们回想起遗忘已久的过去。有时候我们回想起的是过去的艰苦生活，有时候是值得怀念的幸福和快乐。这个游戏把声音和记忆关联在一起，帮助参与者打开心扉，分享自己的故事。

目标

让参与者了解周围的环境和声音如何影响他们的情绪。

适宜人群

需要他人鼓励才能够与人分享自己想法和感受的人。

规模

至少1人

材料

- 录音机
- 空白磁带
- 纸
- 钢笔或铅笔

游戏介绍

在游戏开始前，用磁带录下各种声音以及噪声（比如，摩托车声、婴儿哭声、冲厕所声、洗衣机声、树林中的风声等）。给每个人一张纸和一支笔，让大家听这些声音，然后记录下这些声音唤起的内心情感或记忆。放完录音后，让每个人在其他组员面前读出自己记录下来的感受。

讨论提示

1、哪些声音唤起了你最悲伤的回忆，哪些声音唤起了你最快乐的回忆？为什么？

2、哪些声音唤起了你对过去的回忆？

3、在你的生活中，你周围的声音主要是积极的声音还是消极的声音？

4、如果周围都是消极的声音，你应该怎样改变你的环境？

游戏变动

⊙ 让参与者倾听声音，然后根据自己的感受或记忆画出来。

065 可能性预测

了解生活中的需求，并努力满足这些需求，能有效激发你的积极性。你越努力，就越容易达成目标。没有目标的人，或者没有人生规划的人，很难顺利到达自己的目的地，最终他们会感到不快乐和不满足。让人们开始思考自己的未来，是创造美好未来的重要一步。

目标

让参与者更多地了解其他组员对自己的看法，从他人那里了解自己的潜力，思考我们应该如何改善自己的生活。

适宜人群

需要为自己制订目标，以及工作规划标准的人。

规模

至少2人

材料

- 纸
- 钢笔或铅笔

游戏介绍

要求每一名组员都在一张纸的最下面写上自己的名字，并写上三个年限：五年、十年、二十年，在名字上方，画两条从上到下的线，将三个年限分开，让每个人把写着自己名字的纸放到小组中间每个人都能触碰到的地方。

小组组员每次拿起一张纸，就在最上面写下他对这个人未来的预言，每个年限写一条。这个预言必须是积极的，并且能够反映出这个人的优点。

每个人写完后，把最上面的纸折过去，让下一个人无法看到上一个人写的预言，避免相互影响，以便每个人都能发表自己独特的见解，组员可以选择是否在自己的见解旁边写下自己的名字。在游戏结束前，每个人都有机会在他人的纸上写下自己的想法。所有人都完成后，给每个人留出时间看一看别人写给自己的预言。

讨论提示

1、你对自己做出的预言和他人写的是否一样？

2、有没有一些人对你的期待让你感到很惊讶？为什么？

3、纸上写的预言中，有你想将其作为自己奋斗目标的吗？

4、在这个游戏中，你对自己增进了哪些了解？

游戏变动

⊙ 根据当事人现有的生活方式，让组员为他做出比较实际预期，这对于帮助组员看清自己现在的生活方式有很大的帮助。

⊙ 让组员为自己写预言，并将其与他人为自己写的预言做对比。

066 创意曲奇

让他人了解自己的感受，有时候是一件让人恐慌的事情，这会让人们觉得自己很脆弱。但是，如果没有人了解自己的悲伤和孤独，这些痛苦只会加剧。向他人敞开心扉最难的方法就是直接告诉他们自己的感受，不过如果用文字或符号的形式表达出来，这个过程会容易很多。

目标

让参与者了解每个人的独特之处，通过交流自己的感受，让他人了解你的心情。

适宜人群

难于和周围的人分享自己感受的人。

规模

至少3人

材料

- 不同形状的甜曲奇
- 不同颜色的糖霜
- 各种装饰曲奇的小东西，比如可以撒在曲奇上的东西、糖果等
- 刮刀

- 塑料包装

游戏介绍

把所有装饰曲奇的小东西都放在桌子上，并让每个人选两块曲奇，要求参与者用自己的方式装饰曲奇，以此代表自己的感受（可以选择糖霜的颜色、糖果的类型、曲奇的形状和设计等），记得要留好这块曲奇。另一个曲奇是用来吃的，可以随意装饰。

每个组员完成曲奇的装饰后，把自己的曲奇展示给其他组员，讲解这些装饰如何代表他们的感受。

然后，每个组员用塑料包装把曲奇包好，送给一个他认为可以信任并能放心交流的人（这个人不局限于小组内部）。

作为一项挑战，还可以鼓励组员告诉自己信任的这个人曲奇的寓意，以及为何要送给他的原因。

如果条件允许，在其后的会议中，给组员留出时间交流曲奇的寓意，曲奇的制作过程以及制作曲奇时他们的感受。

讨论提示

1、对你来说送出曲奇有难度吗？为什么？

2、对你来说，和他人交流你的感受，或是敞开你的心扉，是不是曾经很困难？你认为原因是什么？

3、你是否希望和你亲近的人能对你敞开心扉？

游戏变动

⊙ 让小组从头开始制作曲奇，在制作曲奇的过程中进行团队合作，每个组员做出的曲奇形状都要代表自己独特的爱好和感受。

067 情感板凳

演员在表演时都会夸大自己的情感，便于观众捕捉到他们想要表达的感受。有时候人们希望他人能了解自己的感受，但是又不懂得像演员那样表达自己的情感，因此在生活中，他们经常觉得没人能够理解自己，这个游戏以一种有趣的方式帮助你练习表达自己隐藏在内心的情感。

目标

让参与者练习表达自己的感受和情感。

适宜人群

不懂得表达自己的情感，或是不容易察觉他人感受的人。

规模

至少4人

材料

- 2把椅子

游戏介绍

在房间最前面，面向参与者放两把挨着的椅子，选两个人坐在前面的椅子上，告诉他们，他们现在坐的是情感板凳。

其他组员在坐在板凳上的参与者耳边小声说出一个不同的情感名词，并把这种情感表达出来，坐在下面的观众猜测他们表达的是哪种情感。板凳上的两个人要开始即兴对话，只有一条规则，有一个人必须先打招呼。对话开始后，两个人选择的对话地点可以是汽车站、电影院或者任何他们想象中的地点。让两个人进行一段对话，然后让观众猜测，猜对的人就可以参加下一轮的游戏（如果猜对的人羞于表演，也可以选别的人上台）。

下面是一些可以用于情感板凳这个游戏的例子：

心烦—兴奋

生气—武断

沮丧—自信

坠入爱河—愤怒

紧张—忧伤

亢奋—没有安全感

讨论提示

1、猜出这些情感词语有难度吗？

2、你觉得大家很容易就可以看出你表达的情感吗？

3、你想让别人了解你的感受吗？为什么？

4、让他人了解你的感受对你有帮助吗？有哪些帮助？

5、你如何判断他人的情绪？

068 情感接力

有些人很容易被读懂，因为他们的语言和行为准确地表达出了他们的情感。另外一些人则让人比较难以理解，你很难感知他的情绪，因为他们不会使用自己的语言或行为表达自己的情感。有时候我们需要知道他人的感受，但如果你不能读懂他的肢体语言，可能就无法给予建设性的意见。

目标

用肢体语言表达他人陈述出的情感，并让参与者练习表达自己的情感，分享自己的心情。

适宜人群

不懂得表达自己的情感，或是不容易察觉他人感受的人。

规模

4～20人

材料

- 无

游戏介绍

要求所有组员站成一个圆圈，选择一个组员通过肢体语言表达出一种情感（不允许说话），下一个人用自己的肢体语言表达出他观察前一个人所感受到的情感。按顺序进行，直到所有人都完成表达。选择不同的人陈述情感，不断地进行这个游戏。

讨论提示

1、对你来说，展示自己真实的情感是否很难？为什么？

2、通过观察某人的肢体语言，是不是总能很容易地猜到他想表达的是什么情感？

3、了解一个人感受的最好方式是什么？

4、为什么我们的语言需要和我们的行为一致？

069 评　价

每个人对自己的评价和他人对自己的评价都会有所不同，人们都不喜欢让他人窥探自己的内心。一个人的外在表现，通常不能完全表现一个人内在的感受，这就是为何别人的评价会和自己的认知有所不同了。

☼ 目标

让参与者用行为表达自己，给他们机会更多地了解自己和其他组员。

☼ 适宜人群

不懂得表达自己想法和感受，需要更好地了解自己，然后变得更加优秀的人，以及能从与他人的交流中受益的人。

☼ 规模

至少1人

☼ 材料

- 每人一个购物袋
- 可以剪切图片的旧杂志
- 胶水
- 彩色记号笔

- 剪刀
- 纸
- 钢笔或铅笔

游戏介绍

给每个组员一个购物袋，把其他材料放在桌子中间，讲解一下规则："你的购物袋代表你自己，在袋子外面，你要粘贴一些杂志照片，写一些文字或画一些画，以代表他人对你的看法。在购物袋里面放一些能代表你对自己看法的图片或写有文字的纸张。"所有人都完成自己的作品后，要鼓励参与者和其他组员分享。

讨论提示

1、你对自己有何新发现？

2、你对他人有何新了解？

3、对你来说怎样才能更容易地和他人交流自己的感受？为什么？

070 自制CD

大家去音像店时，会四处转转，把所有可选的CD看一遍，走的时候，通常会买下一两张CD。一个人所买或所听的音乐类型通常能反映出一个人的性格特性，如果让每个人录制自己的音乐，并给CD设计封面，人们就能从这些作品中更好地了解这个人。

目标

回想你的人生和感受，和其他组员交流你的想法。

适宜人群

在小组中不愿意分享自己的生活，需要接受一定鼓励的人。

规模

至少1人

材料

- 每人一片标签板或硬纸板（切成8尺×8尺大小）
- 彩色记号笔、蜡笔、彩色铅笔等
- 亮片、胶水、便笺纸、彩带以及其他可以装饰封面的东西

游戏介绍

给每人一片纸板，以及上面提到的其他材料，让他们设计一个自

己的CD封面。在封面上，要求写上CD的名称，以及可以代表作者的图画或文字，在背面需要列出CD里的歌曲名称（真假都可）。A面可以是关于“现在的自己”的歌曲，B面可以是关于“自己未来的目标”的歌曲（虽然真的CD只有一面）。所有组员都完成游戏任务后，大家可以一起交流一下。

讨论提示

1、在这个游戏中，对你来说最难的一部分是什么？为什么？

2、你对其他组员增进了哪些了解？

3、你是否认为有些人应该使用不一样的CD名称或歌曲？为什么？

4、对你来说，是不是很难发现生活中的美好事物？为什么？

071 图腾柱

图腾柱是一种很高的木质雕刻，上面刻有动物头像或身体，用来记载北美印第安人的故事或传奇。

目标

让参与者探究自己对其他家庭成员的感受，观察自己与他们的关系。

适宜人群

需要与他人分享自己的家庭生活，但却不知道从何谈起的人。

规模

至少1人

材料

- 建筑制图用纸
- 胶水
- 剪刀
- 胶带
- 彩色记号笔
- 备选：纸筒
- 备选：假眼球、毛毡、面料、泡泡球、吸管清理器或者其他可

以制作动物面部的材料

游戏介绍

问一问组员，他们是否知道什么是图腾柱，并讲解图腾柱如何记载一个独特的故事。小组组员需要给自己的家庭制作一个独特的图腾柱，组员要选择不同的动物代表自己的每一个家人，然后把动物放在图腾柱上，具体位置根据他对这个家庭成员的故事解读来设定。比如，有人的图腾柱上可以放一只狮子代表他的哥哥，那么他的哥哥一定长得英俊帅气，擅长运动，做任何事都很得心应手，但又比较懒惰。每一个图腾柱上至少要有三个人，并且必须包含组员本人的图腾。这个游戏中的家庭是泛指的家庭，对一些人来说，可以是寄养家庭、祖父母、特别的亲人或者一个团体。

给每个人一个纸筒，或者把建筑制图用纸卷成筒状再粘起来，把你收集到的能用于制作动物面部的所有材料都提供给组员，指导他们用所给材料制作动物，并把它们粘在纸筒上。留出充足的时间，让组员好好地完成能引以为豪的图腾柱，最后留出时间让每个组员向其他组员讲解自己的图腾柱的特殊含义。

讨论提示

在每个组员讲解完自己的图腾柱后，进行群组讨论。可以允许其他组员提问，也可以让组员们利用这段时间讨论各自的家庭。

游戏变动

⊙ 可以用陶土或面团做图腾。

072 关于我的一本书

任何一个一起玩耍、一起工作或一起参加游戏的小组都应该多了解其他组员。有时候，如果别人不了解你的生活细节，就很难敞开心扉，和你交流自己的生活感受。了解他人的喜好、业余生活和一些生活细节是凝聚一个小组的开始。

目标

让参与者思考自己的生活并和他人交流自己的想法。

适宜人群

不愿意分享自己的生活细节、自己的家庭情况和喜好的人，以及需要多了解彼此的小组组员。

规模

至少1人

材料

- 纸
- 钢笔或铅笔
- 彩色记号笔、蜡笔、彩色铅笔等
- 胶带、订书器、打孔机和纱线

游戏介绍

给每个小组提供纸，以及书写画画的工具，要求他们制作一本“关于自己的一本书”。给每个人一张下面的列表，作为书的大纲，每页写一个话题，并且每页需要包含图画、文字等内容。完成作品后，用胶带、订书器或打孔机把书钉在一起。最后，小组一起交流分享。

1、我的长相

2、我的特长

3、我最喜爱的食物

4、我的家人

5、我最喜欢的旅游景点

6、我最自豪的事情

7、我最喜欢在下雨天做的事情

8、我最喜欢和家人一起做的事情

9、让我难过的事

10、让我开心的事

讨论提示

小组互相分享后，共同讨论每一本书。

073 奇妙立方体

世界上的每个人都有很多面：开心的一面、悲伤的一面、居家的一面、自由奔放的一面，等等。有的人经常表现出自己的多样化，有的人却喜欢隐藏起他们的诸多感受，只体现出一面。这个游戏的目的就是帮助大家展现自己的多样性。

目标

让参与者思考自己的人生，并与他人交流，进而了解自己的诸多优点。

适宜人群

不懂得和他人交流自己的想法或感受，需要找到表达自我的方法的人。

规模

至少1人

材料

- 建筑制图用纸
- 胶带
- 杂志
- 剪刀

- 彩色记号笔、蜡笔或彩色铅笔
- 胶水

游戏介绍

让每个组员用建筑制图用纸制造一个立方体。把纸沿着长边分成两半，把每一半都折成三折，把两块折好的纸粘在一起，做成一个立方体（或者按照你自己的方式制作）。然后指导组员用杂志上剪下的图片或自己画的图片和文字来装饰立方体的六面。以下主题可以作为覆盖立方体的大纲。

1、你的特长

2、你未来的梦想或规划

3、你的家人

4、你现在的感受

5、你人生中值得自豪的成就

6、你欣赏自己的优点

要求参与者完成各自的立方体后，与其他组员互相参观。

讨论提示

互相参观后，小组组员讨论每一个立方体的内容。

奇妙的
立方体

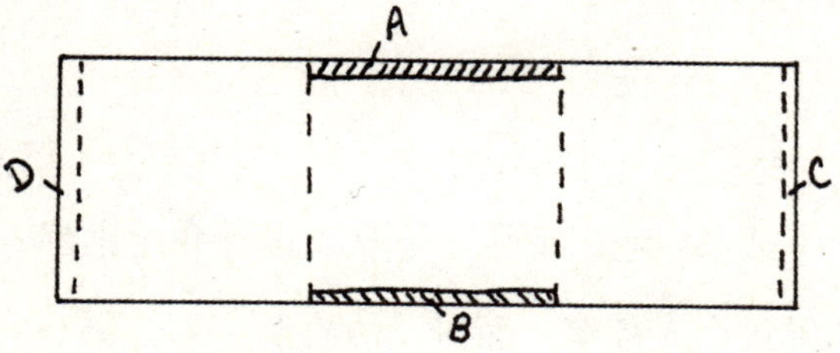
A
D
C
B

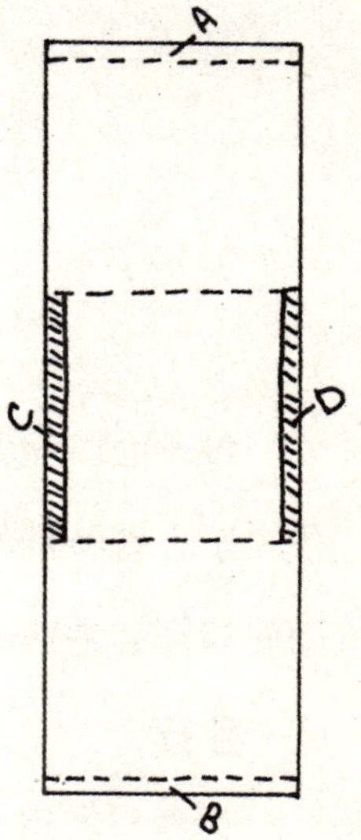
A
C
D
B

074 个人旗帜

每一面旗帜背后都有一个故事，它的颜色、形状、设计和图案都代表了一些特别的东西。如果每个人都有一面自己的旗帜，那么每一面旗帜都会是独一无二的，因为它代表了这个人身上发生过的故事。

目标

让参与者用一种创新的方式表达自己，并和其他组员分享自己的生活经历。

适宜人群

不懂得与他人交流自己的想法和感受，需要用一种方式表达自己的人。

规模

至少1人

材料

- 纸
- 钢笔或铅笔
- 彩色记号笔、蜡笔、彩色铅笔等
- 备选：亮片、胶水、颜料、面料、剪刀以及其他装饰工具

游戏介绍

在这个游戏中，每个人都要制作一面个人旗帜来代表自己的身份。每个人都要思考自己旗帜的名称，并选择可以代表自己的颜色、口号和图片，所有人都完成后，大家共同分享彼此的成果。

讨论提示

1、你为什么选择这些名称或颜色？

2、每面旗帜都是独一无二的，你认为自己的独特之处在哪里？

3、和同龄人有所不同让你具备哪些优势？

4、盲从有何坏处？

5、你如何用正确的方式表达你的独特之处？

075 不许动

在人群面前迅速适应一个新的环境，需要敏捷的思维以及冒险的意识。对某些人来说，适应变化或特殊情况很难，这可能会演变成一段不愉快的经历。但是，为了改变自己的生活，人们必须学会冒险，适应新的环境。

目标

让参与者了解适应新环境的重要性，如果遇到这种情况，参与者要学会灵活多变，有效地和他人互动；用心观察，有些人喜欢成为大家关注的焦点，但有些人比较腼腆，喜欢躲在人群之后；发现情景剧艺术的乐趣，增强自尊。

适宜人群

较难适应新环境，想要学习掌控自己的人生，改善自己的生活，需要学会承担风险的人。

规模

至少5人

材料

- 无

游戏介绍

这是一个有趣的情景剧游戏，帮助参与者学会承担风险，改变他们所处的环境。首先选两个人站在前面的“舞台”上，其余的组员作为“观众”观看这两个人的表演。

给舞台上的两个人一个情景、地点或环境，让他们进行表演。比如，你可以告诉他们，他们正在湖边钓鱼，但是他们要自己扩展这个场景，并表演出来，这个过程中他们必须展开对话，但可以随意表演。在表演期间，他们可以转换场景（比如，他们正在钓鱼，然后他们想要齐心协力钓上一条大鱼）。

在这个过程中，观众需要找机会参与到这个情景剧中，他们可以随时举手叫停，冻结这个场景。此时，台上的两个人要停止表演，保持他人叫停时的姿势。比如，如果当时两个人在一起钓大鱼，他们就要停在这个点上。叫停的观众选择他要站的位置，然后把自己置于场景中，继续开始。他需要通过对话改变场景，另两个人要顺着他的线索改变场景。比如，两个想要钓大鱼的人可能突然变成了手拿水龙带的消防队员，或是拔河的队友，或是想要一起抓牛的伙伴。在下一个人叫停之前，他们要一直表演下去。

注意：如果参与者是很小的儿童，在叫停前，最好让他们表演一会儿，因为他们都很热衷于参与表演。

讨论提示

1、在这个游戏中，对你来说适应新环境有难度吗？

2、你过去适应新环境时有难度吗？

3、为何改变或适应环境很重要？

4、有没有人上台的次数总比别人多？为什么？

5、你喜欢成为人群关注的焦点吗？为什么？

6、从这个游戏中，你是否对自己有了更深的了解？

7、在这个游戏结束后，是否有人对情景剧产生了兴趣？

076 关于我的一份报纸

报纸总是按照自己的方式（或者按照它认为正确的方式）传达消息。给自己写一则新闻很有难度，因为我们很难用客观的心态看待自己。这个游戏给参与者提供了很好的机会——写出自己的生活经历，并和他人一起分享这些经历。最有趣的是，作者可以随心所欲地选择写故事的方式，可以实事求是，也可以自以为是，抑或是直截了当。

目标

制作一张私人报纸，和他人分享你的生活经历、想法和梦想。

适宜人群

不愿意公开自己生活信息，或不懂得和他人交流自己感受或想法的人。

规模

至少1人

材料

- 每人四页纸（如下图所示）
- 钢笔或铅笔
- 彩色记号笔、蜡笔或彩色铅笔

游戏介绍

给每人一份后面的“关于我的一份报纸”(你可以把它放大成标准用纸的大小),以及钢笔或铅笔、彩色记号笔、蜡笔或彩色铅笔。留出时间让每个人填写自己的报纸,然后小组组员可以互相分享自己的报纸。

讨论提示

小组互相分享后,大家一起讨论每个人的报纸。

游戏变动

⊙ 可以动手制作一份符合游戏参与者实际情况的“关于我的一份报纸”,让大家填写。

☆ 关于我的一份报纸 ☆	
日期	
这是我的生活 我生活中最美好的事情是	我的家庭

<table>
<tr><td colspan="3">求助——我以后想要申请的工作和以后想要从事的职业</td></tr>
<tr><td></td><td></td><td></td></tr>
<tr><td colspan="3">我学过的可能对未来有帮助的技能 ☆</td></tr>
</table>

体育板块	个人简讯 我能交到好朋友是因为
	我想要交的朋友

我的个人写真集

077 赠送的遗嘱

当一个人要起草一份遗嘱时，他们通常考虑的都是自己去世后，这些身外之物要留给谁。但是如果你要传递的是你的技能、知识或性格特征呢？你是否能很容易地决定哪些可以送出，而哪些人又可以得到？根据自己的性格特征起草一份遗嘱，你会发现这是一件很有趣的事情。

目标

让每个组员发掘自己正能量的性格特征，并回想生活中出现过的人，以及他们的性格特征。

适宜人群

未能发现自己的独特之处，以及需要思考自己的朋友和家人所具备的性格特征的人。

规模

至少1人

材料

- 纸
- 钢笔或铅笔

游戏介绍

首先讲解遗嘱的含义及用途，即确保每个人的财产在去世后能留给对他来说非常重要的人。要求组员思考他们所具备的有价值的性格特征，如果有可能的话，他们想要把这些优点留给谁。给每个人发一些纸和笔，指导组员起草一份遗嘱，陈述自己要遗留下的性格特征及其受益人。

比如："我把我的足球技能传给玛丽，她是我的一个朋友，是学校足球代表队的一员。我把我的创造力留给我的朋友罗伯塔，虽然她已经很有创造力了，但是她一定希望能为小组设计更多的好游戏。我把我在生活中学到的教育技巧留给我的邻居，她是一个继母。我把我的道德观留给一位亲人，因为我觉得这能让他少惹麻烦。"

给组员留出足够的时间思考，并起草遗嘱，然后让每个组员和其他人一起分享自己的成果。为了增加趣味性，你可以模仿制作一个官方的印章或是标签，盖在组员们做好的遗嘱上。

讨论提示

1、对你来说，思考自己有哪些有助于他人的长处有难度吗？为什么？

2、你的遗嘱怎样描述你以及你认识的人？

3、你知道其他人具备哪些你愿意吸纳的优点吗？为什么？

078 猜感受

有些人期待你能明白他们的感受，如果你猜错了，或者没有像他们期待的那样给予反馈，那么他们就会直接指出来，这可能会让两人的关系产生芥蒂，对于那些期待他人给予情感帮助的人，这可能也会给他们带来难题。事实上，猜测他人的感受并不容易。

目标

让每个组员了解表达自己情感的重要性，因为你期待他人明白你的感受，但如果你表现得并不明显，那你可能会失望而归，我们需要学会如何用肢体语言来进行交流。

适宜人群

不懂得和他人交流情感的人。

规模

6～20人最佳

材料

- 纸
- 钢笔或铅笔

游戏介绍

给每个组员一小张纸以及一支笔，选择一个组员，要求这个人写下他现在的感受（必须是一个表述情感的词语）。要求其余的组员猜测被选中者的感受，并在纸上写下他们的猜测以及自己的姓名。

指导者收集所有的纸条，打乱顺序，再读给组员听。一次性把所有人的纸条都读完，然后让大家猜测哪一张是被选中者写下的词语。读完第二遍后，让大家投票选出他们认为的被选中者写的词语。给猜对的人加一分，给在纸上写对的人额外加一分。如果可以，让每个组员都试一次。

讨论提示

1、哪位组员的情感最容易猜到？哪位组员的最难猜？为什么？

2、你觉得其他人是否能经常猜中你的感受？

3、你喜欢隐藏自己的感受吗？为什么？

4、是否在一些特定的情况下，你曾觉得可以隐藏自己的感受？如果有，是什么情况？如果没有，为何？

5、在哪些情况下，表达自己的感受对你有益？

079 配字幕

连环漫画很有趣，尤其是周末更新的那种。你有没有尝试过通过看图片猜故事？有时候看人物的动作和表情很容易就能猜出他们的对话，但有时候就没那么容易了。通过改变连环漫画的字幕，我们就能变旧为新，同时也能让大家观察他人的肢体语言和面部表情，进而猜测他人的感受。

目标

让参与者把肢体语言与情感匹配起来，让每个人都有机会用一种间接且毫无压力的方式表达自己的感受。

适宜人群

需要学习读懂他人肢体语言以及学习对他人情感给予适当反馈的人。

规模

至少1人

材料

- 当地报纸上的各种连环漫画（最好是周末更新的连环漫画）
- 纸 • 钢笔或铅笔 • 剪刀 • 胶水

游戏介绍

在游戏开始前，浏览当地报纸，裁下各种连环漫画，把包含能做出不同诠释的人物表情的漫画章节选出来。然后将一张白纸剪成条状，用胶水粘在字幕处。

准备好后，给每人一套不同的连环漫画，并指导组员看图片，可以从人物嘴部画出对话框，根据人物的行为，在空白纸条上填字幕。完成的新漫画中，字幕与图片需要相匹配，整个漫画应该能条理清晰地讲述一个故事。

你可以让大家从你提供的漫画中选择，也可以建议大家填字幕的时候影射自己当时的感受。

讨论提示

1、你如何用表情和肢体语言来表达自己的感受？

2、你觉得表达自己的感受有困难吗？为什么？

3、在哪些情况下，表达自己的感受很重要？

4、你能读懂他人的肢体语言吗？为什么？

5、为什么读懂他人的肢体语言很重要？

游戏变动

⊙ 一次只选一套漫画，让每个组员都给同一套漫画填字幕。

080 感性投篮

肢体语言、行为和面部表情是表达感受和情感的一种重要方式。有的人不懂得表述自己的感受，他们期待周围的人能读懂他们的肢体语言，而有些人会说出自己的感受，但是他们描述的感受却与行为不相符合。能够通过语言以及行为表达个人感受和情感很重要，这也是这个游戏的乐趣所在。

目标

让参与者体现出能够恰当表达自己感受以及能够识别他人表达的感受的能力。

适宜人群

难以表达自己感受和情感的人，以及肢体语言与言语表述不相符合的人，需要学习识别他人感受与情感的人。

规模

至少3人

材料

- 篮球
- 篮球筐

游戏介绍

一次选择一名组员偷偷地勾选出一种感受或情感（需要列一张表以便大家勾选）。选完后，给他一个篮球，让他带着这种情感运球和投篮。让其他组员猜测他表现出的是哪种情感，猜对的人可以进行下一轮游戏。

讨论提示

1、对你来说，表现出不同的情感是否有难度？为什么？

2、你会轻易表现出自己的真实情感，还是会伪装出其他情感来掩饰自己真实的情感？为什么？

3、在什么情况下表露自己的情感很重要？为什么？

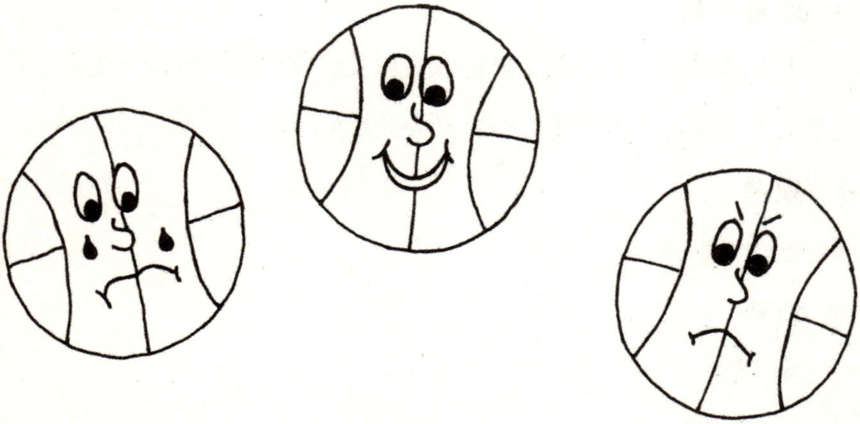

081 采　访

电视和广播上有很多采访类节目，有时候被采访的人会听到很多犀利的问题，他们有时会为自己辩护，有时却出奇得直白。在听一台采访栏目时，你永远都不知道接下来会面对什么。在这个游戏中，采访能够以一种有趣且无压力的方式帮助参与者打开心扉。

目标

让参与者毫无压力地谈论自己的家庭。

适宜人群

不愿意和他人交流自己的家庭动态和关系的人，以及在交流后能受益的人。

规模

1～8人最佳

材料

- 录音机
- 空白磁带

游戏介绍

选一个组员作为被采访者，将录音机调到录音状态，让被采访者想出一个很了解他家庭的人，比如邻居、朋友或亲戚。告诉这个人，在这个游戏中，被采访者要扮演成这个邻居、朋友或亲戚。然后指导者或其他组员开始采访这个人，询问一些和他家人有关的问题，被采访者必须根据自己的角色回答问题。

采访者可能会问："鲍勃，你的邻居平时都进行哪些娱乐游戏？"被采访者就要把自己当作邻居鲍勃来回答他真实的状况。录音机是为了增加乐趣，减少被采访者的压力（或者对一些人来说是增加压力，但没关系，有压力反过来也可以锻炼参与者应对压力的能力）。磁带可以回放，或者直接给下一个人重新录制，也可以留到下一堂课听。

你可以事先为大家准备好问题，也可以让大家临场发挥。你可以让不同组员轮流提问，增加参与度，也可以只让指导者提出问题。你们可以私下采访，也可以在小组中进行。

讨论提示

讨论环节可以设置在游戏过程中，也可以设置在回放磁带的过程中，你可以暂停播放，然后提出问题。

082 情感接力赛

面对直接的询问，直接说出自己的情感会有一些难度。有些人不愿意让他人了解自己的真实感受，他们在被询问时可能会撒谎或掩盖真相。然而，如果是匿名回答或是以一种间接的方式询问，就像在这个游戏中那样，讲真话就会容易很多，参与者也没有那么大的压力。

目标

让参与者毫无压力地表达自己的感受，并了解其他组员的感受。

适宜人群

不愿意表达自己感受和情感的人。

规模

至少8人

材料

每组至少4人，每组分得：

- 一块写字板和记号笔
- 或黑板和铅笔
- 或标记板和标记粉笔
- 或一大张纸、记号笔或蜡笔

游戏介绍

将参与者分成两个小组，每组至少4人，让两个小组在房间的一侧或游戏区分别站好队，在另一侧放有写字板和记号笔。一听到开始的信号，每组的第一个人就跑向写字板，写下一个描述他现在感受的词语，然后跑回队中，下一个人重复这个过程。鼓励组员在思考自己感受时要深思熟虑，且实事求是，写词语时不需要按照顺序写，可以随机选择位置写下词语。

如果组员较多，让每个人跑一次，如果组员较少，每个人可以多跑几次，每次都要写下不同的词语。

第一个跑完的小组就是赢家，但是必须等其他小组完成这个任务后，游戏才算结束，这样每人都能有机会写下自己的感受。现在把小组聚集在一起，让大家猜一猜其他人写的是哪一个词语，以及他们为什么这样写。

讨论提示

1、为什么你要写下这个词语？

2、你觉得每个组员都是实事求是地写下自己的感受吗？为什么？

3、你觉得用语言表达自己的感受有难度吗？

4、对你来说，在纸上写下自己的感受是不是比说出口容易一些？为什么？

5、你今天对其他组员增进了哪些了解？

083 变成自行车

如果日常用品能说话，你觉得他们会怎样评价你？也许这些物品讲出来的故事能让那些自以为最了解你的人大吃一惊，这些物品也能为那些想要了解你的人提供大量的信息。

目标

让参与者以一种有趣的、描述性的、细致的且不给人压力的方式向他人描述自己，通过讨论和交流提高团队凝聚力。

适宜人群

不愿意谈论自己或交流自己生活，但从交流中他们能够得到益处的人。

规模

2~10人最佳

材料

- 无

游戏介绍

把小组聚集起来，让大家轮流回答一个问题，“如果你的自行车能说话，你觉得它会怎样评价你”。玩几轮这个游戏，然后把自行车换成其他参与者经常接触的物品。

比如自行车、大衣、勺子、电视、电话、立体照片、冰箱、房屋、玩具、鞋子、汽车、电脑等。

讨论提示

允许组员对给出的答案提出疑问，碰到一些有趣的答案，大家可以一起讨论。

084 情感木偶

众所皆知，并不是每个人都能恰到好处地表达自己的情感，有些人像木偶一样，不擅长表达自己的真实感受，而是告诉你他们认为你想让他们表达的内容。

目标

鼓励参与者表达自己的情感，并设身处地理解他人的情感。

适宜人群

不愿意表达自己情感的人，以及不会设身处地理解他人情感的人。

规模

至少1人

材料

- 每人一个纸质午餐袋
- 彩色记号笔或蜡笔
- 备选：纱线、亮片、建筑制图用纸、彩带、布料、剪刀、胶水等

游戏介绍

给每人一个纸袋制作木偶，把你收集到的材料提供给小组，用来

装饰各自的木偶。把一只手伸进纸袋，操作袋子的底部，挤出嘴巴的形状。

给每个木偶选一种表情（每个人可以一样，也可以不同）。比如，你可以要求一个组员用所给的材料制作木偶的面部和其他部分，以表达出愤怒的表情。

每个人都制作完自己的木偶后，给他们留出时间互相交流，然后让他们完成以下任务：

1、让每个人在自己的木偶背面写下他可能想表达的情感。

2、让每个人在自己的木偶上面写下文字，可以让别人感受木偶的情感。

3、让每个人尝试着用木偶做出不同的表情。

4、让小组聚集在一起，创作一台木偶戏，按照故事情节，每个木偶表演相应的情感。

5、创造有开放式结局的场景，让每个人用自己的木偶做出反应。

6、要求组员陈述使用木偶的感受。

7、动用你的想象力和创造力吧！

讨论提示

1、对你来说，哪种情感最难表达？为什么？

2、你最常体验到的是哪种情感？为什么？

3、从这个游戏中，你对自己增进了哪些了解？

085 大风吹

生活中最大的冒险就是向他人敞开心扉，说出自己的想法、感受、挣扎以及痛苦。不过，如果是以一种无压力的方式开始，在一个有趣的游戏中逐渐深入，就像在这个游戏中一样，人们就会自由地畅谈，在无意识的情况下开始向他人敞开心扉。

目标

发掘我们和他人的共同点以及不同点。对于一些人，提高他们对风险的承受力，帮助他们敞开心扉，更好地和他人相处。

适宜人群

需要和小组更融洽地相处，学习在交流过程中敞开心扉，与人分享的人。

规模

至少6人（多多益善）

材料

- 小片便条纸（3尺×3尺为佳）

游戏介绍

给每人一张纸，让每个人站在自己的纸上，大家围成一圈，指导者站在圆圈的中心。指导者的目标就是让大家从自己的位置上走下来，站到中间，这样指导者自己就可以离开中间的位置，站在圆圈上。

站在中间的人要讲一些生活中的真实故事。比如，一个喜欢玩足球的人可以说“大风吹向所有喜欢足球的人”，然后每个喜欢足球的人都要从自己的位置走下来，站在其他的空位置上。因为圆圈上的位置总是比总人数少一个，所以每一轮结束后，总会有一个人站在中间。每个人离开自己的位置后，必须马上找到另一个位置，且不能回到自己原来的位置。

完成几轮游戏后，可以做一些变动，增加游戏的挑战性、启发性以及冒险性。在游戏中不断地做出变动，增加冒险性。站在中间的人必须按下面括号中的提示补充生活中的真实故事。

大风吹向（你欣赏的自己的优点）

大风吹向（你未来想做的事）

大风吹向（你担忧的事）

大风吹向（你不为人知的事）

大风吹向（让你愤怒或悲伤的事）

大风吹向（你生气时会做的事）

大风吹向（挑战小组做一些冒险的事）

在挑战小组冒险时，貌似第一个人做的事越冒险，大家就越容易敞开心扉，愿意自己去冒险。不过记住，这应该是一种挑战，而不是一种强制性行为。

指导者第一次承担风险的大小将决定游戏中愿意冒险的小组组

员的数量。举些例子，以下是一些游戏中尝试过的冒险，希望能给你一些提示：大风吹向“失去过亲人的人”“长痘的人”“减过肥的人”，以及“上星期很郁闷的人”。提醒大家，在圆圈中移动和走到中间一样，都是一种冒险，都是挑战大家能否坦诚相待。

讨论提示

1、从这个游戏中，你对自己增进了哪些了解？

2、你是否曾经害怕过承认这些事实？

3、你是否发现你和他人有更多的不同或相似之处？你对此有何感受？

4、为何得知他人也经历过我们经历的痛苦是一件好事？

5、你是否对以前不认识的其他组员有了更多的了解？如果是，你增进了哪些对他们的了解？

6、对你来说冒险有难度吗？为什么？

7、为了改变你的生活，你愿意承担哪些风险？

8、是什么阻止了你冒险？

9、哪种类型的冒险对你有帮助？

游戏变动

⊙ 大家在游戏中可以坐在椅子上，或者把呼啦圈放在地上让大家站在里面。

086 家庭模型

家庭模型是非常受欢迎的一种游戏，它为参与者打开了一扇窗，看透治疗者的家庭动态、家庭关系以及每个人现在的情况。这是一个简单的游戏，参与者在组员的支持下，通过构筑家庭模型，设定每个人之间的距离，模拟自己的家庭，创造自己的家庭动态。创造出的模型为每个人提供观察他人家庭模式以及了解创造者本人的机会。

我在全国巡回研讨会的过程中，发现了这个游戏很多有趣的地方，都值得我记录下来。很多的人非常喜欢家庭模型这个游戏，我们也希望它能激发你更多的灵感。

目标

让参与者毫无压力地和其他组员分享自己的家庭动态，为进一步探讨家庭关系问题奠定基础。

适宜人群

不愿意探讨自己家庭情况的人。

规模

6人最佳，但是有些游戏中最好只有一人

材料

- 无（取决于选择哪一个游戏模型）

游戏介绍

创造一个新的家庭模型，这个家庭可以是亲生父母、寄养家庭、一个组织，总之可以是任何你认为是家庭的组织。

物品模型：利用蜡笔、糖果、纸牌、笔等物品制作模型。参与者将物品在桌上按照一定的距离摆好，代表家庭关系。如果使用蜡笔之类的东西，可以选择用不同的颜色表示家庭成员间的不同关系。

动物家庭：收集一些动物玩具，让每个人决定哪一种动物代表哪一个家庭成员，让他们把动物摆放好，代表家庭成员之间的关系。

节日模型：每个人创造一个在节假日期间的家庭模型，可以是一家人在感恩节、圣诞节、复活节或生日之类的日子围坐在桌子周围。

家庭马戏团：选择不同的马戏团表演者、人物形象等代表家庭成员以及他们之间的关系。

家庭钟表：模拟一个家庭在一日中不同时间的状态：早晨、白天、晚餐。

讲话模型：每个人制造一个自己的家庭模型，然后走到每个家人面前，说一些他想对这个“家庭成员”说的心里话。鼓励大家说一些难以说出口的话，比如“谢谢”或者“因为……我觉得很伤心”。

情感模型：在游戏开始时，先给家庭模型设定一个场景，比如大家都很愤怒，每个人根据家庭成员在处理情感等问题时相互间的关系来摆放他的家庭成员。

理想家庭：每个人创造出他心目中的理想家庭，模型中不一定都是他的亲人，可以是其他一些自己觉得能构成理想家庭的人。

家庭共同制订模型：如果你和你的家人在一起玩这个游戏，你可以让每个家庭成员都根据自己脑海中的家庭关系摆放家庭模型。比如，如果父亲总是忙于工作而不回家，那么就不能把他和家人摆在一起，而是把他摆放在办公室。

事前事后模型：让参与者制作一个某种情况发生前的家庭模型，再制作一个情况发生后的家庭模型，比如离婚、死亡、出生、搬家或其他重要家庭事件发生前后的家庭模型。

小组模型：如果你和其他组员一起合作，让每位组员都制作一个模型，反映他们对小组的看法。根据哪些组员比较亲近，哪些组员被排斥的关系来摆放模型。让多个人制作同一个小组的模型，这样就能看出差别来。

讨论提示

讨论每个模型，让创造者为其他组员讲解自己的模型，并允许组员们提问。

087 你的平均分是多少

在学校的时候，孩子们每个期末都会怀着迫切的心情等待成绩单，因为它很重要。教师通常都是根据学生的成绩打出分数，但是有时候也会根据对学生日常表现的观察来打分。每个成绩单的最后就是平均分，这个分数将决定学生会去哪一所大学，或者毕业后能找到什么样的工作。

如果让每个人都为自己打分会怎样呢？会比平日的分数高一些，还是低一些？如果分数取决于你的道德以及人际关系，而非成绩，又会怎样呢？

这是一种有趣的判断方式，在这种情况下，观察每个人会如何给自己打分，就可以看出他们对自己的生活设定了怎样的标准。

目标

让参与者为自己的行为负责，了解自己可以提高的领域。

适宜人群

需要学会对自己行为负责的人，以及需要采取行动改善自身生活的人。

规模

至少1人

材料

- 每人一份“成绩单”复印件
- 钢笔或铅笔

游戏介绍

给每人一份“成绩单”复印件以及一支笔，指导他们用A、B、C、D、F五个等级在列出的区域内给自己打分，并填写关于“如何改变自己行为”的评论，如果给出的分数较高，可以填写一些称赞自己的话。

分数取决于每个人对自己生活的自我评估。每个人都完成后，要把自己的成绩单分享给其他小组成员观看。

讨论提示

1、你觉得你对自己太过苛刻，还是太过宽容，抑或比较公平？为什么？

2、你觉得其他组员对自己太过苛刻还是太过宽容？他们是谁？为什么？

3、如果你发现自己需要提高某些方面的能力，你会采取措施改变自己吗？为什么？

4、你要怎样做才能提高自己的平均分？

5、你想要努力得到更好的分数吗？为什么？

我的成绩单

倾听他人__________
评价：

和他人交流__________
评价：

我的礼貌__________
评价：

服从命令__________
评价：

愤怒情绪控制__________
评价：

清晰表达我的感受__________
评价：

帮助他人__________
评价：

接受他人的帮助__________
评价：

ACTIVITIES THAT BUILD

5

培养孩子的情绪管理能力

愤怒情绪管理

众所皆知，情绪是需要管理的，尤其是愤怒。愤怒是一种很强烈的情感，经常让人们陷入麻烦。庆幸的是，把游戏作为一种工具，用于管理愤怒情绪，在帮助人们了解自身行为方面是非常有效的。

设计帮助人们解决愤怒情绪的游戏是一个艰难而富有挑战性的任务。在将游戏用于沟通交流、团队合作等领域的时候，我们可以让参与者练习控制自己的愤怒情绪。另外，愤怒情绪管理类游戏让参与者针对自己在愤怒时的可能行为开展讨论，以此管理自己的情绪。为了让游戏达到较好的效果，参与体验比参与讨论会更有效，这就是为什么设计有效的愤怒情绪管理游戏很有挑战性了。

人们的愤怒可能通过多种形式表现出来，但是本书游戏中最容易解决的，也是重点解决的两种情绪是“表现型”愤怒情绪以及“隐藏型”愤怒情绪。在“表现型”愤怒情绪中，人们以一种激烈的方式释放自己的愤怒情绪，可能对自己、他人或财产造成伤害。另外，在“隐藏型”愤怒情绪中，将痛苦与愤怒深深地藏在心中的人最终可能导致自我毁灭。“表现型”愤怒情绪更容易解决，因为它能够让人察觉，尤其是在一个不公平的、有一定竞争性的，且让人沮丧的游戏中。

在本章节中，不同游戏能够帮助孩子处理不同类型的愤怒情绪。这些游戏具有一定的趣味性以及互动性，便于大家进行讨论。

088 开始新生活

有些人在经历过一些让他感到愤怒、失望或很受伤的事情后，就很难开始一段健康快乐的新生活。因此，让人们能够尽可能地放下心中的愤怒很重要，否则终有一日他们会被内心的愤怒毁灭。放下愤怒的情感，首先要了解是什么导致了这种愤怒情绪，然后和他人交流自己的感受，在这个游戏中，我们要帮助游戏参与者象征性地释放出内心的愤怒。

目标

让参与者以一种恰当的方式向伤害过自己的人或事表达出自己的愤怒情绪，在释放愤怒情绪后，让人们能够找到一条能够引领他们走向美好未来的积极之路。

适宜人群

心怀愤怒、难以释怀的人，难以用恰当方式释放愤怒的人，因为心怀愤怒，而无法看到美好未来的人。

规模

至少1人

材料

- 一条玩具赛车跑道

- 几辆能够在跑道上行驶的小车
- 纸板相框或小箱子
- 新闻报纸
- 彩色记号笔或蜡笔
- 胶带

游戏介绍

在游戏开始前，建好跑道，让跑道从高处（椅子或桌子的边沿）到低处有一个陡坡，把相框或箱子放在陡坡的末端。选择的小车需要能够沿着跑道行驶，从陡坡上冲下来，然后穿过相框。

要求每一位组员想想让他们感到愤怒的人或事，并且以恰当的方式表达自己的愤怒之情（比如，“我很生气因为我遭到了侮辱”，或者“我很生气因为我有病，这不公平”，不恰当的表达方式是“我很生我们老师的气，因为她让我们课间休息”），然后让每个人画一幅让他愤怒的人或事物的画像。

每个人都画完图像后，让大家都聚集在你制作的跑道旁边。大家轮流“粉碎”自己的愤怒情绪，让每个人都有机会开始积极向上的新生活。随后每个人轮流把自己画的画像粘在相框上，告诉其他组员是什么让他们如此愤怒，选择一辆车，然后让它冲下跑道，看着它冲破画像。完成后把画像丢在一个箱子里，大家最后丢掉这个箱子，当作一种给愤怒情绪的葬礼。

最好在游戏前用纸测试一下跑道，确保车能够撞破这种纸。

每个人都轮流进行一次，然后聚集在一起开始游戏的第二部分，即把箱子扔掉。在释放出内心的愤怒后，让每个人画出他们的车以后要行进的路线。在路途中，会有一些他们感觉开心、安全或能够让他们寻求帮助的站点。激发组员的创造性，让他们制订一个积极的愉快的旅游计划，而不是愤怒的、苦恼的计划。在给小组展示之前，最好制作一张样图。

每个人都完成自己的地图后，留出时间让大家交流讨论一下。

讨论提示

1、在你画图时，你有何感想？

2、你的车冲破画像时，你是什么感受？

3、我们把愤怒藏在心里，不释放出来，会有什么后果？

4、你有其他方式发泄愤怒情绪吗？这些方法是否恰当？

5、如果你没有让你的车冲破你的愤怒，你是否会画出不同的未来路线？

6、在做完这个游戏后你有何感受？

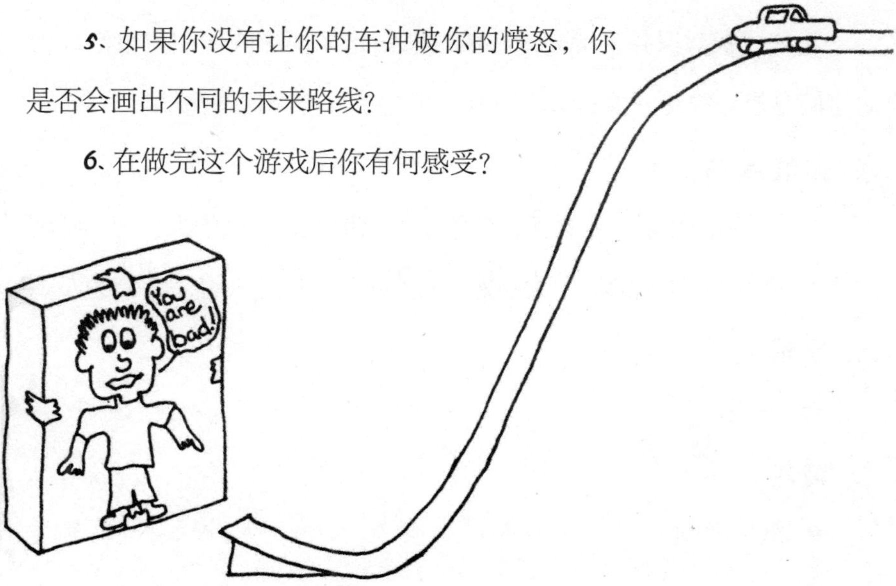

089 隐藏的心

很多时候，我们总是选择把我们受过的伤害、痛苦的感情、留下的伤痕和愤怒的情感隐藏在内心深处。有些人会努力地隐藏起这些情感，但如果不与人交流这些情感，最后就可能对自己或他人造成身体上的伤害。

这个游戏为大家提供了交流自己隐藏起来的痛苦和愤怒的机会。在造成伤害之前，如果能够及时处理这些愤怒情绪，人们就能再次体验到生活中的幸福与快乐。

目标

让参与者意识并了解到内心的愤怒情绪如何影响他们的生活，帮助他们寻找心中美好的事情，鼓励他们与他人分享这些情感。

适宜人群

对生活感到愤怒，容易把愤怒情绪发泄到他人身上的人，内心感到愤怒，并把这些愤怒情绪隐藏起来，最终对自己或他人造成伤害的人。

规模

至少1人

材料

- 纸

- 钢笔或铅笔
- 剪刀
- 细条丝带
- 每人一只大气球和小气球（没吹气的）
- 永久性彩色记号笔

游戏介绍

给每个人发一只小气球、一条丝带、一张纸、一把剪刀和一支笔，然后解释一下规则，这只小气球代表了他们的心，所有的痛苦、伤害和愤怒都装在这颗心里。指导他们剪裁一小条能够放入气球里的纸，在纸上写下自己的愤怒情绪，然后把纸条放入气球，用丝带系紧（不要吹起来），这些纸条不能给任何人看。

给每人一只大气球，让每个人把自己的“心”放在大气球中，指导组员把气球吹大，并系紧。让他们在气球外面写出为了隐藏内心的情感，自己在他人面前会如何表现。有些人用开玩笑的方式隐藏痛苦，有些人即使很没安全感，很孤独，却总是表现得很自信——这些就是人们需要写在气球外的东西。

所有的气球都写上字后，把小组凑在一起，讨论气球外面写的内容。让每个人和他人交流至少一条气球外面写的内容，然后向组员提出疑问。隐藏内心的情感是否是一件好事，或者他们是否愿意让他人更多地了解他们的生活，如果可以，则要想出一种让他人了解自己的方式。讨论结束后，让他们戳破气球，象征着他们会摆脱所有用于掩盖痛苦的壁垒。

气球戳破后，缠着丝带的“心”还会完好无损，让每位组员用下一个星期的时间找到一个值得相信的人，托付自己的“心”。他们应该向这个人解释，自己的心所代表的内容，以及为何想要交给他，然后让他解开丝带，看一看“心”里面的纸条。如果条件允许，一星期后把小组聚集在一起，跟进一下，看看哪些人送出了自己的心。或者挑战一下组员，让组员把“心”中的内容读给其他组员听。

讨论提示

1、你藏在内心的情感和感受对你产生了哪些影响？

2、你心中的哪些经历让你感到很愤怒？

3、如果你摆脱了心中的消极情感，只留下积极的情感，你的生活会发生哪些改变？

4、你如何摆脱生活中的消极情感？

5、你愿意把自己的心交托给他人吗？为什么？

6、这个游戏对你找到可以信任的人，并说出自己的感受有何帮助？

090 脱离掌控

很多人都想掌控自己生活中的方方面面，当他们感到自己的生活脱离掌控，或是其他人制订了他们必须遵守的规则时，就会变得沮丧、愤怒。有些人难以控制这种愤怒的情绪，因此他们需要学会接受生活中脱离掌控的事情。

目标

让参与者意识到他们无法掌控生活的全部，因此他们必须学习处理那些脱离掌控的事情，避免产生愤怒以及沮丧的情绪。

适宜人群

事情没有按照自己的预期或喜好的方式进行时，就容易愤怒或者沮丧的人。

规模

4～15人

材料

- 一些包装好的小奖品（组员可能喜欢的各种东西）
- 一副骰子

游戏介绍

在游戏开始前，收集一些小奖品，包装好，数量应该是每人至少一个奖品，还应有富余。把所有的奖品放在桌子上，然后把组员聚集起来。

向小组组员说明游戏规则，游戏分成两个部分（在第一部分结束后，再讲解第二部分的规则）。在第一轮游戏中，先由一个人掷一次骰子。如果他掷出的是偶数，就能够从奖品堆里选一个奖品，拆开，放在自己的桌前，让所有人都看到。如果没有掷出偶数，就把骰子传给下一个人接着掷。所有的组员不停地掷骰子，传递骰子（投中偶数就拿奖品），直到所有奖品都被拿走。最后，有的人可能会拿到两三个奖品，而有的人可能一个奖品也没有。

这个时候，讲解第二部分的规则。这部分需要计时完成（组员人数少的话，可以设定为五分钟，人数多的话，就设定为十分钟）。它的玩法和第一部分相同，只不过这一次掷出偶数后，不是从桌子上挑选奖品，而是从他人的手中挑选奖品。不断重复这个游戏，直到设定的时间结束。同样，有些人的奖品最后可能会比别人多很多。

这是一个有趣且富有活力的游戏。做好心理准备，你的组员可能会兴奋地大声喧哗。

讨论提示

1、如果你运气总是不好，你会怎么办？

2、你觉得你能掌控自己的生活吗？

3、在感觉生活脱离了你的控制，或者有很多不公平待遇的时候，你如何应对这些问题？

4、有没有人在游戏中产生了愤怒的情绪？如果有，你们如何应对他的这种情绪？

5、如果生活中存在不公平待遇，或者事情没有按照你的预期进行，你会怎样做？

游戏变动

⊙ 巧克力棒可以用来代替奖品，我们不需要给它包装，但是也不能剥掉它原本的包装。

091 不公平游戏

有时候生活是很不公平的！对于一些不幸的人来说，生活可能看起来会更加不公平。

这个游戏就是一个不公平的游戏，但在游戏结束前，不要告诉参与者，如果大家都知道指导者故意把游戏的规则设计得不公平，就没人愿意玩了。

如果仅仅是游戏规则不公平，大家可能还不会真的生气，但在现实生活中，感到生活中遭受了不公平待遇的人，或者难以遵守规则的人在游戏结束后可能会有很多感想。

不公平游戏非常受欢迎，很多了解它的人都用它来练习控制情绪。

目标

让参与者练习在遇到不公平待遇的情况下如何更好地控制自己的愤怒情绪。

适宜人群

难以控制自己愤怒情绪的人，在事情不尽如人意时容易沮丧的人。

规模

3～15人

材料

- 几副纸牌
- 一副骰子
- 一袋糖果（每块糖果都要独立包装），每人大概五块
- 打印出来的规则表

游戏介绍

在开始游戏之前，必须要求参与者阅读所有的游戏规则。

在游戏开始前，把纸牌中的黑桃留下两张，其余的全部取出，并把留下的两张黑桃随意放进纸牌的上部。如果条件允许，拿两副完全一样的纸牌，用其中一副纸牌中除黑桃以外的任一花色，取代另一副牌中的所有黑桃。

一开始，让组员围成一个圈，给每人五块糖果，告知组员，他们要把所有糖果保留到游戏结束（即在结束前不能吃掉这些糖果）。在游戏期间，把几份打印好的规则放在桌子上，便于玩家参考。指导者最好也参与到游戏中来。

可以设定一个时限，也可以在一定人数被淘汰后，或者罐里放满糖果时结束游戏。在游戏结束后，选出一名最有风度的人。当然，这个当选者会是你——游戏的指导者——（因为这是一个不公平游戏），你选了自己后，需要迅速拿走所有的糖果。

这是为了确保游戏真的不公平，就像生活中会遇到的一些情况一样。一般在这种游戏结束后，我们习惯于把糖果分给所有人。一定要

压制住这种冲动，这样游戏才有效果。把糖果留到第二天，或者留给下一个游戏！为了加强效果，如果他们没有发现纸牌的叠放对自己不利的话，你可以揭开纸牌的谜底。

而且在游戏结束前，不要告诉他们这个游戏叫作“不公平游戏”，就叫它“糖果游戏”或者一些别的名字，让他们在游戏结束前毫无察觉。

讨论提示

1、这个游戏不公平吗？为什么？

2、你现在有何感受？

3、你是否感觉自己在生活中遭受了不公平的待遇？如果有，你会如何处理？

4、你是否想过，如果再次遭到不公平待遇的时候，这个游戏会帮助你改变你的一些做法吗？如果是这样，它会如何改变你？

游戏规则

1、轮到你的时候，你可以掷骰子，或者选择一张牌。

2、如果你掷骰子得到的数是：

奇数——你必须把一块糖果放到罐子里（罐子在桌子的中间）；

偶数——你可以从他人那里拿一块糖果；

双偶——你必须给另一个组员一块糖果（这个不算偶数）。

3、如果你抽出一张牌，得到：

红心——你必须给你右边的人一颗糖果；

梅花——你必须给你左边的人一颗糖果；

方片——你必须往罐子里放一颗糖果；

黑桃——你可以从罐子里拿两颗糖果（如果罐子是空的，你可以选择一个人，拿走他一块糖果）。

4、如果有人不幸失去了所有的糖果，那么他就会被淘汰。

5、如果你被淘汰了，你还可以坐在圆圈中间，如果有人在游戏中给了你一块糖果，你就可以重返游戏（不能因为出于好心，而送给被淘汰的人糖果，这必须由纸牌或骰子决定）。

6、指导者决定谁在游戏中最有风度，这个人在游戏结束后，就可以得到罐子里的所有糖果。

7、在游戏结束后，得到糖果最多的人获胜，其他人可以留下自己手中的糖果。

092 大个vs小个

对每个人来说，被置于不平等的境地总会让人感到很不舒服，一些难以控制自己愤怒情绪的人在这种情况下可能会爆发。这个游戏是一堂很好的课程，告诉人们很多时候都会遭到不公平的待遇，同时也便于人们讨论生活中出现的不公平待遇以及我们应该如何处理这种不公平待遇，尤其对于那些在事情不尽如人意时，就很容易发怒或者变得具有破坏性的人来说。

目标

让参与者练习在明显不公平的情境下如何控制自己的愤怒情绪。

适宜人群

难于控制愤怒情绪的人，以及在事情发展不顺利时，很容易沮丧的人。

规模

至少4人

材料

- 一个篮球、排球或沙滩球

游戏介绍

要求小组组员从矮到高排队，将队列从中断开，这样所有身高偏矮的人就站到了一队，而所有身高较高的人就站到了另一队。设计一个身高占优势的游戏，让小组成员一起玩。下面是一些可以供你选择的游戏建议：篮球、排球或沙滩球。

游戏进行一段时间后，高个队伍可能会领先，矮个队伍可能会有些沮丧。在这个时候，改变游戏规则，在余下的比赛时间里，高个队伍中的所有人都必须把一只手放在口袋中或者放在身后。

讨论提示

1、当游戏规则对你有利时，你是什么感受？

2、当游戏规则对你不利时，你是什么感受？

3、你是否觉得你的生活就像这个游戏一样？通常你是赢家还是输家？

4、当有些事看起来对你很不公平时，你会发怒吗？

5、在你感觉遭受不公平待遇时，你会怎样发泄你的愤怒情绪？

6、是否存在更好的处理不公平情况的方式？

093 愤怒的身体

你生气的时候，你的身体就会把你的愤怒表现出来。每个人的表现都不尽相同，但也有一定的相似之处。你的心跳会越来越快，你会变得焦虑、呼吸加速、开始出汗等。

控制愤怒情绪的关键就是要意识到自己的愤怒，这样你才能够对自己的行为负责，而不是不负责地做出一些不理智的反应，那样就为时已晚了。

目标

让参与者讨论并了解，我们开始生气的时候，我们的身体有何反应，这样大家就能够辨别自己发怒的征兆，在失控之前，及时采取措施控制自己的情绪。

适宜人群

需要了解自己身体生气时的征兆，在发作之前能够利用技巧控制住自己愤怒情绪的人。

规模

至少2人

材料

- 一件可以在上面写字的旧T恤

- 一条可以在上面写字的旧裤子（或者短裤，或者进行身体彩绘）
- 面漆
- 可以在面料上写字的记号笔

游戏介绍

让一个志愿者穿上你收集到的旧衣服，站在其他组员的面前。接下来要求小组组员进行思考，在自己感到愤怒的时候，自己的身体会出现何种反应。

大家讨论的时候，让一个人把面漆涂在志愿者的相关身体部位，或者用记号笔在衣服上记录下来。（所有的行为都应该适度，而且最好选一个男性志愿者。）比如，可以在胸部写“呼吸加速”，代表肺部呼吸加剧，在脸颊上写“脸红”，代表脸会变红，以及其他大家能想到的愤怒的特征。

这个游戏可以由一个大组共同完成，也可以分成几个小组来完成，在游戏结束后，参与者要相互交流自己的成果和体验。

讨论提示

1、你最常出现的身体反应是什么？

2、你怎样控制自己的情绪？

3、你怎样释放紧张的情绪？

4、你认为我们的身体为何会出现这些征兆？

5、你如何利用身体征兆来帮助自己控制愤怒情绪？

游戏变动

⊙ 在纸上画一个人形图，用这个身体轮廓制作“愤怒的身体”。

094 正确方式、错误方式与过激的方式

表达愤怒情绪的方式有很多，有一些方式比较过激，比如挑起争端或毁坏财物。有一些处理愤怒情绪的方式是错误的，包括暴饮暴食、过度消费或者过度放纵。而正确的方式则包括自我调整，和别人聊聊你的感受，或者写日记。

这个游戏旨在让参与者学习处理愤怒情绪的正确方式，摆脱坏习惯或者过激行为。

目标

抵制参与者现有的处理愤怒情绪的错误方式，学会正确地摆脱愤怒情绪的方法。探讨处理愤怒情绪的各种方式，以及这些方式对人们生活产生的影响。

适宜人群

愤怒时容易对自身、他人或财物造成伤害的人。

规模

至少1人

材料

- 3尺×5尺的卡片或者小纸片
- 钢笔或铅笔

- 3个纸箱

游戏介绍

给每位组员一沓卡片或者小纸片以及一支笔，要求他们把卡片分成三摞摆在面前，在一摞卡片上写上“正确方式”，另一摞写上“错误方式”，最后一摞写上“过激方式”。

根据你对组员的了解，设计一些最可能激起组员愤怒情绪的场景，然后把这些场景一个一个地读给组员听。或者可以让组员互相交流，分享他们愤怒时发生的事情，并描述当时的场景。

阅读完一个场景后，每个人必须在“正确方式”的卡片上写下处理这种情况的正确方式，同理，另两摞卡片也要分别写上一种相应的方式。给三个纸箱分别贴上“正确方式”、“错误方式”以及“过激方式”的标签，完成后，把卡片放在对应的箱子里。尽可能多地讲述一些场景，让参与者多写一些卡片。

在完成所有场景的描述或阅读，且提交完卡片后，拿起“过激方式”的纸箱，一张一张地读里面的卡片。每读完一张，就让大家思考自己是否用这种方式表达过自己的愤怒，如果有，举手示意，并讲述当时的情境，然后大家讨论用这种方式处理愤怒情绪的后果或影响。用同样的方式处理“错误方式”以及“正确方式”的纸箱。

讨论提示

1、你从这个游戏中学到了什么？

2、你更倾向于用哪种方式表达你的愤怒？为什么？

3、哪种方式对你来说最有效？它是正确的方式吗？

4、对你来说，处理愤怒情绪的最好方式是什么？

095 疯狂音乐

总是看一些负面新闻、报纸或听悲伤的音乐，容易让你情绪低落。如果你选择用一天的时间接触正面的人或事、正面的新闻或积极的音乐，你的情绪和生活态度都会有很大的转变。

然而，问题在于很多人并没有意识到他们每天看到或听到的是消极信息，也没有意识到这些消极信息对他们产生的影响，以及可能带给他们的愤怒情绪。

目标

研究不同人在愤怒时产生的不同感受，以及音乐对这些感受产生的影响。

适宜人群

周围负面影响较多，但没有意识到这些会对他们的生活产生负面影响的人。

规模

至少1人

材料

- 一个磁带播放器、录音机或CD机
- 含有负面信息的摇滚乐或说唱音乐选集（或者含有负面信息

的音乐）

- 纸
- 钢笔或铅笔

游戏介绍

在游戏开始前，收集一些包含负面信息或故事的音乐。

把小组聚集在一起，简单地向组员讲解游戏规则：他们将听到不同的乐曲，然后要根据乐曲的内容，画一幅画描述这个乐曲，或者画出他们想象中的歌手的模样，或者是听音乐时他们的感受。不要告诉组员这些歌曲都是忧伤的主题，在听完所有的音乐后，留出时间，让每个人都分享他们在纸上记录下来的感受，然后再让小组组员共同讨论。

讨论提示

1、如果有一首歌让你感觉很好，你觉得这是为什么？

2、你总是被消极的事物所吸引吗？为什么？

3、如果这首歌让你觉得消极，你认为这是为什么？

4、你周围的环境会影响你的感受吗？

5、你现在所处的环境如何？

6、你如何把周围消极的事物变成积极的事物？

7、你对音乐的选择对你的生活有何影响？

8、你觉得你有必要改变你喜爱的音乐风格吗？为什么？你想要换成哪一类的?

游戏变动

⊙ 要求组员带来他们认为消极的音乐和积极的音乐，并进行比较。

ACTIVITIES THAT BUILD

6

培养孩子的应对力

应对技巧

“直接拒绝”是现在很流行的一条标语，通常作为一种应对技巧教给孩子们，用以应对当今社会的各种压力。它的本意是向年轻人传达一种信息，即他们可以自己决定是否酗酒、是否打架或者参与其他自我毁灭性质的活动。这句话有一定的道理，出发点也很好，但我们是否想过，也许在当今社会，社会领袖、教师、心理医生和父母更应该教导年轻人去“主动接受”。

就如同年轻人应该被赋予对消极影响和选择说“不”的能力一样，他们也应当具备“接受”积极选择的能力。作为教师、心理医生、社会领袖或父母，我们的任务就是把这些积极的选择呈献给年轻人。我们不应该总是强调他们不能做什么，而是应该为他们提供他们可以尝试的各种选择，帮助他们树立自信心，建立健康的人际关系，维持快乐的生活，营造一个充满希望的未来。

当我们需要练习去“接受”而非“拒绝”的时候，我们可以利用游戏来锻炼这种应对技巧。

帮助人们学习应对技巧的第一步就是，帮助他们了解目前他们处理难题的方式，然后帮助他们从情感健康、精神健康以及身体健康等方面评估这些游戏是否适合参加。第二步就是向他们介绍各种健康的游戏、积极的选择、有效的资源和社会关系。最后一步，同时也是最难的一步，就是鼓励他们把这些新的健康选择纳入到生活中，这样他们就可以把这些游戏当作处理每日难题的应对方式。本书中的游戏涵盖了前两步，但是第三步就取决于想要改变自己生活的参与者了。是否选择了一个优秀的指导者非常重要，优秀的指导者能够给予参与者一定的鼓励，提供多种多样的应对技巧，他们决定了参与者是否愿意付出努力去接受健康的选择，拒绝错误的行径。

096 赢得100分

通过分别调查人们在游戏前、游戏后的身体状况和情感状况，我们可以帮助参与者意识到身体锻炼对他们的生活所产生的积极影响。

这个游戏既是一种有趣的运动体验，同时也能够帮助人们了解运动带来的积极影响。

目标

鼓励大家积极参与锻炼，提高精神与身体的双重健康，并把锻炼作为一种积极的应对技巧。

适宜人群

从运动中能够获益，需要加大每日运动量的人，以及需要了解运动对精神状态所产生的积极影响的人。

规模

3～10人

材料

- 篮球
- 篮球筐
- 跳绳

游戏介绍

让小组组员共同努力，通过完成各项体育运动为小组赢得100分。

需要强调一下，这个游戏不是一个比赛，只是一个挑战，每个人都要尽自己最大的努力去支持团队。

完成以下游戏就能够获得相应的分数（指导者也可以自己设计游戏）。

- 一分钟内，每跑一圈算1分；
- 每投中一次篮算1分（每人有10次投球机会）；
- 立定跳远，每尺距离算1分；
- 不间断跳绳，每连跳5下算1分（每人有3次机会）；
- 每个俯卧撑算1分；
- 每跳绳10下算1分。

在纸上记录下分数，直到小组获得100分，游戏才算结束。如果组员较少，可以增加每项游戏的分值。

讨论提示

1、运动过后，你是什么感觉？

2、你的精神状态有何不同？

3、运动对你来说有哪些益处？

4、你在日常生活中会做哪些锻炼？

5、你能完成哪种运动？

6、加分鼓励是否会让运动变得更容易一些？

7、你可以利用哪些动力鼓励自己运动？

097 资源寻宝游戏

我们在闲暇时间可能会做一些游戏，这些游戏可以是积极的，也可以是消极的。消极游戏是指那些不利于个人精神健康的游戏，心情抑郁的人如果宅在家里就会更加抑郁，那他们就不应该宅在家里。有些人在闲暇时间进行一些暴力游戏，那么这些人就需要找到其他利用业余时间的方式。

然而，问题在于很多人不知道闲暇时间自己能做什么。这个游戏以一种有趣的方式引导人们利用闲暇时间在给定的资源里发掘新的积极的活动。

目标

让参与者意识到自己的问题，寻找能够帮助他们发现并参与娱乐性游戏的资源。

适宜人群

为了营造一种健康的生活方式，需要丰富和拓展自己业余生活的人。

规模

2～20人

材料

- 一些当地的电话本

- 一堆报纸
- 事件记录簿（可以在当地商会里找到）

游戏介绍

把你能收集到的资源都放在一张桌子上，让小组围绕桌子聚集在一起，让他们都能接触到本子、小册子和杂志。告知组员，在这个游戏中，他们的任务是尽可能地得到更多的分数，得分方式是在指定资源中先于他人找到指导者说出的信息。第一个找到某一信息的人要举手示意，并在指导者说出下一条信息前，让其他组员看到他找到的信息。

1、某公园管委会的电话号码；

2、一个比萨店的名字；

3、一个溜冰场；

4、一个商会的地址；

5、图书馆的电话；

6、当地基督教青年会；

7、少年棒球联合会的信息；

8、当地影院放映的电影；

9、一家音像店；

10、尽可能多的公园名字；

11、一个有网球场的地方；

12、（根据你手中的资源添加新的项目）。

讨论提示

1、你通常怎样收集你想要参加的活动的信息？

2、在今天通过游戏找到的各种资源中，你认为有哪些可以运用到日常生活中？

3、你有哪些方式可以用于寻找你想要参与的活动？

游戏变动

⊙ 可以以团队的形式进行。

098 休闲游戏宣传手册

宣传手册是一种吸引人们对一些有趣的新事物产生兴趣的广告形式，很多宣传手册都是和滑冰、水上滑梯、漂流、购物等娱乐性游戏相关的，手册里的图片和文字意在激起你对它们的兴趣。

这个游戏旨在让人们重新拾起一些被遗忘的游戏，并尝试用新的游戏充实自己的生活。

目标

让每一位组员都能发掘出自己的业余爱好、想要参与的游戏以及业余生活方式，并让大家共同讨论参与游戏如何培养人们的应对技巧。

适宜人群

在业余时间总是重复做同一种游戏，需要丰富游戏形式以培养应对能力的人。

规模

至少1人

材料

- 纸
- 钢笔或铅笔
- 彩色记号笔、蜡笔或铅笔

- 备选：彩纸、剪刀、胶水、亮片等

游戏介绍

如果你周围恰好有宣传各种游戏的小册子（比如漂流、滑冰、度假以及其他可以在当地商会找到的游戏、户外店、A级景区或旅行社），把它带来给大家分享，然后大家共同讨论宣传手册的用途。宣传手册是用于宣传一项游戏、一种产品或一个事件的小册子，通常是为了让人们对手册中的描述产生兴趣。

要求每个人制作一份自己的“休闲游戏宣传手册”，用于宣传生活中他们为了开心或放松而尝试过的所有有趣的游戏。手册应当描述作者喜爱这些游戏的原因以及每个游戏的妙处，每个人的任务就是制作一份让他人感兴趣的手册。

所有人都完成各自的手册后，留出时间让大家互相交流分享。这是让大家回忆他们曾经做过的游戏，思考他们现在喜爱的游戏，并从他人那里得到新的想法，开发新的应对技巧游戏的好方式。

讨论提示

1、是否有一些你已经很久没有做过，但是现在又想要尝试的游戏？如果没有，为什么？

2、你列出的各项游戏会怎样帮助你处理你的问题？你好好利用过这些游戏吗？如果没有好好利用，为什么？

3、是否有一些别人列出的游戏让你很感兴趣？如果有，你会尝试吗？

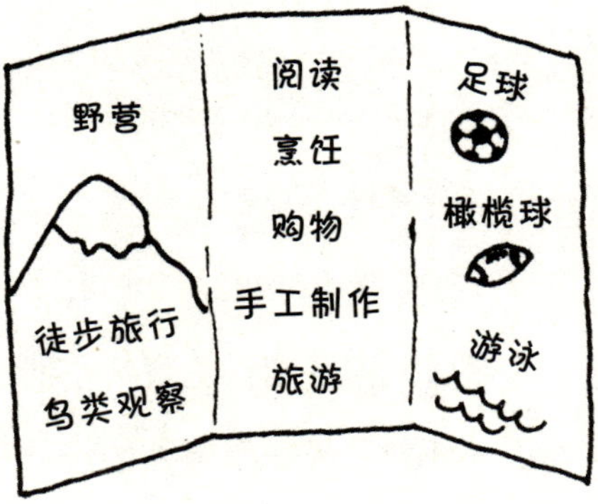
野营
徒步旅行
鸟类观察
阅读
烹饪
购物
手工制作
旅游
足球
橄榄球
游泳

099 你的时间

有时候，你无法选择如何利用自己的时间，在学校的时候，你的老师会替你选择；工作以后，白天你的老板会给你任务，下班后你要做一些每天必须完成的事。只有在闲暇时间，你才能选择做自己喜欢的事情，也只有在这段时间，你才拥有改善自己生活的机会，或是拥有做出影响自己或他人生活的决定的机会。这个游戏的目的就是让你做出积极的选择，并了解做出这些选择所赋予你的力量。

目标

让参与者意识到自己如何支配自己的闲暇时间，以及如何安排闲暇时间才能更好地改善自己的生活，强调在闲暇时间赋予自己选择权的重要性。

适宜人群

需要更好地选择如何支配闲暇时间的人。

规模

3~10人最佳

材料

- 各种游戏材料
- 一块手表或计时器
- 问卷

游戏介绍

把给定的时间平均分配给每位组员（比如，如果有6位组员，小组给定的时间为1小时，每个人就能分得10分钟）。每个人都要决定，在他分得的时间内，小组需要进行哪一项游戏。参与者的选择会受到游戏材料的约束，有可能一个人想要唱歌，另一个人想要玩纸牌、做手工或打篮球，但只要有这种游戏材料，小组就可以依次进行这些游戏。两个人可以选择同一种游戏，如果是这样，小组就要进行两次同样的游戏。

讨论提示

要求每个人都填写下面的问卷，然后一起讨论问卷的答案。要提醒组员重点强调从游戏中获得的感受，以及做出积极决定的重要性。

你的时间问卷

1. 在你自己选择一项活动，并参与其中时，你有何感受?
2. 当别人为你选择一项活动时，你有何感受?
3. 如果你有空闲时间，你会选择参加哪些活动?
4. 这些都是健康的活动吗？为什么?
5. 为何对你来说利用闲暇时间参与健康的活动很重要?

100 安排日程

有些人的生活总被各种活动所填满，他们不得不拿出日历记下他们忙碌的日程，但也有一些人空闲时间很多，无事可做。忙碌的人可能会觉得自己没有空闲时间，压力很大，不堪重负，没有时间休息。没什么事情可做的人容易变得抑郁和忧伤，因为他们没有机会和他人进行交流。如果你需要改变自己利用闲暇时间的方式，这可能是一个比较漫长的过程，因为旧习惯很难改变，不过这个游戏可能会帮助参与者获得一些良好的改变。

目标

帮助参与者思考自己利用闲暇时间的方式，引导他们，帮助他们决定自己是否需要做出改变，以改善现有的生活方式。

适宜人群

需要减少游戏，以此减少压力的人，以及需要多安排一些游戏，帮助他们更好地进行社交、互动，减少抑郁的人。

规模

至少1人

材料

- 每人三份空白的日程表

- 钢笔或铅笔

游戏介绍

拿一份空白的日程表，或者日历，为每位组员印制三份（如果因为版权原因，无法复制，或者没有可用的日程表，那么你可以自己制作一份）。给每人一份，要求他们记录下他们每天从清晨起床到晚上睡觉期间做的所有事情（从周日到周六）。在完成这项任务后，要求他们思考自己做过的选择，如果他们能自己计划一个周末，他们会在这个表格上做出哪些改动。强调在闲暇时间做出健康积极的选择对于改善生活的重要性，然后留出时间让他们带着这些想法填写第二页日程表。

每个人都完成第二页日程表后，探讨一下他们日常行程和自己想要进行的游戏之间的差距。现在拿出第三张表，让每个人计划下一个星期的日程。要求他们根据现实情况填写表单，但是要挑战自我做出一些改变，尽可能多地添加健康积极的游戏。最后，让每个人都分享一下自己的计划表，如果条件允许，一周后重新聚在一起，看看是否有人因为这个游戏而对自己的安排做出了改善，这些改变对他们有何影响，他们又有何感受。

讨论提示

（填完第一张表单后）

1、你觉得你的业余游戏是否健康积极？

2、如果改变现有支配闲暇时间的方式，会对你有何帮助？

（填完第二张表单后）

1、这些游戏是否根据现实状况设定吗？

2、你最想要进行哪些游戏？

3、你为什么现在没有进行这些游戏？

4、如果要改变现有生活方式，你需要做出哪些牺牲？

5、在生活中开展新的游戏项目对你有何帮助？

（填完第三张表单后）

你认为你能坚持按照你的计划进行吗？为什么？

游戏变动

⊙ 分别计划一个在工作、学校以及度假时以星期为单位的日程表，计划中不包括看电视，以及超出常规的额外消费。

101 图书馆寻宝游戏

每个人都知道图书馆是一个获取知识的好地方，但是人们却经常忽视图书馆的其他好处，错过了这里大量的娱乐资源。现在很多当地的图书馆不仅有书籍，还有录像、音乐、电脑、杂志、报纸以及公共服务等，而且通常都是免费的。

如果大家熟悉图书馆的系统以及里面的资源，就能很好地利用当地图书馆带来的好处。图书馆寻宝游戏是一种把当地图书馆的宝贵财富介绍给大家的一种很好的方式。

目标

更多地了解社区的优秀资源，了解如何从图书馆中获取可以作为训练积极应对技巧的游戏的信息。

适宜人群

通过将当地图书馆的资源作为拓展业余积极生活的一种方式，并能从中受益的人。

规模

至少1人

材料

- 每人一份图书馆寻宝表单（可以自制一份）

- 钢笔或铅笔

游戏介绍

在开始这个游戏之前，先去当地图书馆，创建一份表单，表单上是大家可以找到的各种有趣的游戏。每一个社区图书馆都会提供各种资源，但是大多数图书馆的资源都差不多。下一页的表单是根据我们当地图书馆的资源制作出来的，你可以在里面添加一些内容，或者根据你的资源情况减少一些内容。

和你的组员一起去图书馆进行一次实地考察，给每个人一支笔和一份你制作的图书馆寻宝表单，让他们找到答案，然后填写表单。为了增加乐趣，你可以为所有完成表单的人或者第一个完成表单的人提供奖品。

讨论提示

1、你经常使用图书馆吗？为什么？

2、你是否发现图书馆有一些你原来不知道的资源？如果有，是什么？

3、除了书籍，你还能从图书馆找到什么？

4、你怎样利用图书馆资源在自己的闲暇时间进行健康积极的游戏？

图书馆寻宝

1. 在录音带中找一个故事，然后写下故事的名字。
2. 你用多长时间可以找到一个教育视频?
3. 找到一本以R开头的杂志。
4. 加利福尼亚州的电话本在哪里放着?
5. 列出你在图书馆找到的乡村音乐CD的名称。
6. 找到一本关于绘画的书。
7. 找出一本和帆板运动相关的杂志文章，然后写出文章的名称、杂志的名称、出版商的名称以及出版日期。
8. 找出一本介绍大学的书籍。
9. 找出一本关于意大利厨艺的书籍。
10. 找出一本关于你最喜爱的运动的书籍。
11. 找出一则关于你想要尝试的工作的广告，并给出工作的名称和来源。
12. 列出3种在图书馆找到的不同的计算机资源。
13. 谁可以使用图书馆的网络?
14. 为了拿到一张图书卡，你需要完成哪些步骤?

额外奖励　找到一个和你同名同姓的人写的一本书或文章。(列出书籍或文章的名称，以及作者的名字)。

102 家人共度欢乐时光

有一些家庭会在一起玩很多游戏，但是有一些家庭虽然住在同一所房子里，但却不经常凑在一起。如果每个人都很享受家庭时光，那么共同完成一些游戏可以加强家庭成员之间的感情。有时候，一些人没有意识到他们可以和家人一起做很多事，因此他们需要重新安排自己的家庭时光。

目标

鼓励参与者通过共同参与休闲游戏，和家人加强联系。

适宜人群

从家庭游戏中受益的人，以及需要了解家人如何共度时光的人。

规模

至少1人

材料

- 纸
- 钢笔或铅笔

游戏介绍

首先，让每个人明确自己生活中构成家庭的那些成员。对一些人来说，家人就是普遍意义上的家人，但对于其他人来说，家人可能是叔叔、阿姨、祖父母、邻居或者其他群体中的成员，抑或是寄养家庭的成员。

小组成员交流过自己的家庭成员后，给每人一张纸，要求他们集思广益列出一个表单，表单需要包含10项他们的家庭成员喜欢一起做的事情。然后，要求他们看着自己的表单，给每一项游戏标注不同的记号。

$——如果游戏的话费超出10美元。

→——如果游戏需要你离家100公里以上。

○——如果这个游戏让你的家庭关系更加亲密。

○——如果你的家人在过去的三个月中做过这些游戏。

现在圈出三项你最喜欢的游戏，然后思考这些游戏代表了你们的哪些家庭价值观或生活方式。

讨论提示

1、这些游戏代表了你们的哪些家庭价值观或生活方式？

2、这些游戏需要花费很多吗？

3、是否有很多游戏需要你们出行很远？

4、这些游戏会让你的家人更加亲密吗？

5、你经常和家人进行这些游戏吗？

6、有哪些你想要和家人一起完成，但却没有时间进行的游戏？

7、你为什么不玩这些游戏？你有条件玩这些游戏吗？

8、和家人一起完成游戏，对加强家庭的亲密关系有何帮助？

103 和电视分开一会儿

我们无事可做的时候，可能会打开电视，然后我们会感觉自己瞬间开心起来了。有些人会用闲暇时间和他人交流，或者参与一些游戏，提升自己的自信心，又或者加强身体锻炼。但是有些人则需要我们帮助他们意识到，无聊的时候参与一些游戏比看电视更有益处。

目标

讨论电视对人们生活的影响，思考其他利用时间的方式。思考闲暇时间可以参与的有助于建立人际关系和改善生活的游戏，以避免自己被电视绑架。

适宜人群

花费太多的闲暇时间看电视，但是能在参与社交游戏、教育性游戏、身体运动或互动游戏中获益的人。

规模

至少1人

材料

- 电视（如果需要，也可以准备录像机）
- 钢笔或铅笔
- 可以观看的录像带或电视节目
- 每位组员一份“电视节目调查表”、一份“游戏调查表”

- 互动游戏所需的材料

游戏介绍

让组员观看一个他们可能喜欢的电视节目或者录像，然后让小组一起进行一个互动游戏，比如纸牌、棋牌、猜谜游戏，只要是互动的游戏就可以。游戏结束后，让每个人都填写电视和游戏调查表。让小组聚集在一起，根据他们所填的问卷答案，共同讨论观看电视节目和进行互动游戏之间的区别。

讨论提示

每填写一份问卷，就让小组一起讨论问卷的答案，交流一下他们把多少闲暇时间用在看电视上。最后，制作一个表单，写下组员在闲暇时间除了看电视之外还可以参与的各种游戏。

游戏变动

⊙ 这个游戏也可以换成团体游戏，比如手工制作、阅读或做饭，然后比较这些游戏之间的区别。

电视和游戏调查表

1. 在看这个节目或者玩这个游戏的时候，你有何感受?

2. 看这个影片，或这个电视节目，抑或是玩游戏对你有何益处? 如果有，它对你产生了哪些积极的影响?

3. 这个节目或者游戏对你、你的小组或你和他人的关系有何影响?

4. 你是否曾经为了看电视而看电视，还是你会提前选择你想要看的节目?

5. 看电视的时候，你是否有过自己在浪费时间的感觉?

6. 尽可能多地列出你能想到的在无聊时可以替代看电视的活动。(如果你需要更多的空间，可以写在背面)。